教育部人文社会科学规划基金项目(23YJA630083)
徐州工程学院学术著作出版资金资助项目

善因营销组态因素对营销效果影响的实证研究

司 凯 著

中国矿业大学出版社
·徐州·

图书在版编目(CIP)数据

善因营销组态因素对营销效果影响的实证研究 / 司凯著. —徐州 ：中国矿业大学出版社，2023.5

ISBN 978 - 7 - 5646 - 5834 - 2

Ⅰ. ①善… Ⅱ. ①司… Ⅲ. ①企业管理—营销模式—研究 Ⅳ. ①F274

中国国家版本馆 CIP 数据核字(2023)第 087463 号

书　　名　善因营销组态因素对营销效果影响的实证研究

著　　者　司　凯

责任编辑　仓小金

出版发行　中国矿业大学出版社有限责任公司

（江苏省徐州市解放南路　邮编 221008）

营销热线　(0516)83885370　83884103

出版服务　(0516)83995789　83884920

网　　址　http://www.cumtp.com　**E-mail**:cumtpvip@cumtp.com

印　　刷　徐州中矿大印发科技有限公司

开　　本　787 mm×1092 mm　1/16　**印张** 11.75　**字数** 301 千字

版次印次　2023 年 5 月第 1 版　2023 年 5 月第 1 次印刷

定　　价　58.00 元

（图书出现印装质量问题，本社负责调换）

前　言

当前，消费者已经越来越多地将企业是否参与慈善活动作为衡量其履行社会责任的标准，并据此对企业做出评判。对于企业来说，善因营销是把“双刃剑”。一方面，企业做慈善往往会给企业财务状况在短期内造成一定的冲击，过多的慈善活动又会影响到企业的业绩，甚至于在某种程度上成为企业的一种包袱；另一方面，企业通过善因营销可以提升企业在消费者心目中的地位，对于消费者感知企业品牌、企业形象及善因认同等往往都有着积极的促进作用，进而会正向影响消费者对企业产品的购买意图。鉴于此，企业要将慈善行为与营销手段巧妙地结合起来，从而达到提高企业营销绩效和企业履行社会责任的双重目的。也就是说企业要想成功地实施善因营销，就要找出与企业、慈善组织、消费者相关的各种影响要素，研究其作用机理，然后才能够根据企业的具体问题“对症下药”，只有通过有效而合理地采取善因营销的方式，才能实现企业、社会、政府和消费者等的“多赢、共赢”。

在上述现实背景下，企业究竟应该采取哪些方式才能精准锁定具有捐款意愿的消费者呢？哪些消费者才是企业慈善营销的目标呢？企业究竟如何设计恰如其分的慈善事件才能更加吸引潜在消费者的目光呢？究竟采取哪种恰当的慈善广告诉求方式才能进一步提升消费者对善因营销的态度和参与意愿呢？更为重要的是，在善因营销沟通中，消费者-慈善事件契合度和卷入度对善因营销效果的影响内在机理究竟是什么？尤其当企业的品牌-慈善事件契合度一定的前提下，企业采取哪种捐款形式，才能够帮助消费者更为清晰地看到并理解企业所传递的信息，进而促使企业的善因营销活动获得成功呢？由此，本书旨在研究善因营销中“消费者-慈善事件契合度”“品牌-慈善事件契合度”、消费者对产品的卷入度、善因营销捐款形式、消费者感知诚意、“企业-消费者契合度”“慈善事件-企业契合度”、慈善组织宣传形式程度、企业宣传形式程度等组态因素，对这些组态因素如何对善因营销效果产生影响的内在机理进行剖析。

具体来说，本书主要从以下五个方面展开了相关研究：

第一，基于Citespace分析方法，对善因营销的内涵、类型及发展历程进行了系统回顾，尤其对善因营销论文发表篇数的时间演变历程（2000年—2021年）进行了深入分析。对开展善因营销研究的国家和地区分布进行了研究和梳理，制作了“合作研究图谱”；根据文献中关键词热度变化和出现频率，制作了“关键词时间线图”和“关键词时区图”，并结合高频引用文献、“关键词时间线图”和“关键词时区图”提炼和归纳了善因营销的“契合度”“卷入度”“捐款形式”等研究热点。结果发现：① 近20年来，全球对于善因营销开展研究有40%左右的论文是在美国进行，其次是英格兰（占总数的9.0%）和印度（占总数的8.7%），也就是说大多数关于善因营销的研究依然在美国和欧洲等西方发达国家中进行，与发达国家相比，新兴国家对于善因营销的研究还亟须进一步加强。② 美国学者、英国和加拿大等国家的学者与全球其他国家/地区的学者开展合作的概率（意愿）更高，我国在善因营销研究方面还有很大的上升空间，亟需大量学者对这个领域开展深入研究。③ 从善因营销研究领域关键词热度变化可以看出，除了善因营销本身以外，企业社会责任是被提到最多的关键词（数量141，中心度0.12）。其他关键词，如“影响（impact）”“契合度（fit）”“响应（response）”“品牌（brand）”“行为（behavior）”“捐赠（donation）”等也有很高的出现频率，该领域达到了较高的研究热度。

第二，根据详尽可能性模型（elaboration likelihood model，ELM）和社会认同（social identity theory）等相关理论，重点考察“消费者-慈善事件契合度”及卷入度对善因营销效果的影响，进而为更好地解释消费者态度和参与意愿的形成机理提供理论依据。实验一主要采用了单因素（契合度：高，低）组间实验设计的方法，通过见数（Credamo）调研平台收集数据，共计回收107份有效问卷。研究结果表明：在善因营销过程中，消费者与慈善事件的契合度决定了消费者对善因营销的态度和参与意愿，当消费者与慈善事件的契合度高时，消费者对整个事件宣传的口号、定位都有一定的认同，所以他们的态度和参与意愿也同样较高；而当消费者与慈善事件的契合度低时，善因营销效果正好相反。实验二进一步考察了“消费者-慈善事件卷入度”对善因营销效果的影响，重点验证卷入度的中介效应及其对消费者态度和行为意愿的影响。正式实验仍然采用单因素（卷入度：高，低）组间实验设计的方法，通过见数（Credamo）调研平台收集数据，最终有效样本为126份问卷。研究结果表明：当卷入度高时，消费者能够寻找到善因营销活动中与自己的关联性，而这种关联性更导致了他们对营销活动的态度和参与意愿的提高；卷入度对善因营销效果的影响作用正是通过这种关联性的作用而产生影响，并且卷入度在契合度和消费者态度及参与意愿之间起到部分中介效应。

第三，根据心理意象理论（mental imagery theory）、网络记忆模型和线索一致性等理论，采用2（捐款形式：清晰 VS 模糊）×2（品牌-慈善事件契合度：高 VS 低）组间因子实验设计，探讨捐款形式、契合度及消费者感知诚意对善因营销效果影响的机制。根据预实验确定的捐款形式和契合度背景，实验按照契合度（高、低）和捐款形式（清晰、模糊），共分为四种情境，共设计了4种版本的调查问卷，通过见数（Credamo）调研平台收集数据，在此基础上进行数据分析。结果表明：① 在善因营销中，企业捐款形式如果采用清晰表达形式时，消费者品牌态度和购买意愿显著大于采用模糊形式宣传；② 如果品牌与事件契合度高时，消费者品牌态度和购买意愿显著大于品牌-慈善事件契合度低时；③ 捐款形式和品牌-慈善事件契合度共同对消费者品牌态度和购买意愿产生影响，也就是说二者的交互效应是显著的。尤其当捐款形式为清晰与契合度高时，消费者对品牌态度和购买意愿最高；而捐款形式模糊与契合度低时，消费者对品牌态度和购买意愿最低，其余情境下消费者对品牌态度和购买意愿为中等水平；④ 感知诚意在捐款形式和契合度与消费者品牌态度和购买意愿之间起到部分中介作用。

第四，在归纳分析善因营销信息常见的传播方式的基础上，基于传染病模型，建立“单一慈善信息传播过程”“相似慈善信息影响”“慈善信息差异性分析”等三个模型，并进行求解，从而得到善因营销中慈善信息传播特征和规律。

在“单一慈善信息传播过程”模型的研究过程中，主要选取新浪微博平台中“鸿星尔克驰援河南”的微博信息，对其进行为期一个月（2021年7月21日17点54分至8月21日17点54分）的数据监测，将相关数据进行表述和归纳，分析单一慈善消息的传播过程，探究慈善消息传播的规律及特征。研究结果表明：当“鸿星尔克驰援河南”这一慈善消息信息传播时间 t 的范围在 0～5 时，信息热度直线攀升至最高，显示“鸿星尔克驰援河南”这一慈善消息在传播的第一阶段，显示出高速度与爆发性的特点。当 t 的范围在 5～11 时，随着类似信息的大量涌入，“鸿星尔克驰援河南”这一慈善信息的热度开始呈现小范围波动下降，但仍保持着较高的热度，扩散到更广的范围，符合第二阶段范围广、上升幅度逐渐缩小的特点。而当 t 的范围在 11～30 时，“鸿星尔克驰援河南”这一慈善信息的热度明显锐减，其后也一直保持着低热度趋向最小值 0，符合最后消散阶段的特点。

在“相似慈善信息影响”模型的研究过程中，主要对 361°运动品牌于 2021 年 20 点 38 分发布的类似慈善信息进行数据定时截取式监测而得到原始数据，再利用微分方程组对虚拟微博 t 时刻易感者、潜伏者、感染者和免疫者的数量变化率的深层分析。然后利用 Matlab 对微分方程组求解，从而得出“相似慈善信息影响”模型中感染人数的变化值。研究结果发现：当 361°运动品牌新信息出现在前期，361°运动品牌新信息的关注量也会迅速增加，361°运动品牌新信息替代了原鸿星尔克信息进行扩散，原鸿星尔克信息的传播在一定情况下按某一速率减少。当 361°运动品牌新信息出现在后期，群众都已经知道相关的原信息，对原鸿星尔克信息的关注量会减少，同时，361°运动品牌新信息的传播量也会缓慢增加，原鸿星尔克信息的传播进入一个瓶颈期。

在“慈善信息差异性分析”模型的研究过程中，主要对两种类型慈善信息（“鸿星尔克驰援河南”企业慈善信息和“张艺兴支援河南”个人慈善信息）转发人数的大小分布进行分析。研究结果表明：两种不同类型的同一慈善信息阅读指数有着显著性差异。

第五，采用神经网络模型来研究各组态因素（企业-消费者契合度、消费者-慈善事件契合度、慈善事件-企业契合度、消费者对产品的卷入度、消费者对慈善事件卷入度、慈善组织宣传形式程度、企业宣传形式程度、消费者感知诚意度）对善因营销效果影响的程度（即敏感度），从而进行各组态因素对善因营销效果影响的敏感度分析。将完整的数据集划分为 70%的训练集和 30%的测试集，拟合得到神经网络模型，主要用训练集，对模型的性能进行评估则用测试集。当训练函数为 trainlm，隐含层个数为 7 时的 ANN 具有所有模型中最优的性能。

研究结果表明："消费者感知诚意"指标的敏感度为0.332 1，大于0，说明该指标的增加会导致营销额的增加，进而对于善因营销效果有正影响；"消费者-慈善事件契合度"比"消费者感知诚意度"的敏感度更大，说明"消费者-慈善事件契合度"对善因营销效果的影响作用比"消费者感知诚意度"的影响作用大；"消费者-慈善事件卷入度"敏感度最大，为3.321 4，说明"消费者-慈善事件卷入度"对于善因营销的效果产生的正向影响最大。

总而言之，本书以消费者-慈善事件契合度、卷入度以及企业捐款形式、消费者感知诚意等组态因素对善因营销效果的影响为切入点，使用传染病模型、神经网络模型等数学模型，围绕善因营销中各种组态因素对营销效果的影响机理展开，尤其对影响善因营销效果的多个指标进行敏感度分析和影响力的判定，从而在一定程度上补充和完善了现有善因营销理论研究。本书的相关研究结论将有利于帮助我国企业找出成功的善因营销的内在规律，从不同视角帮助企业、慈善组织和消费者等相关利益人各司其职，从而为共同提升我国善因营销效果、为我国企业能够成功实施善因营销、达到良好的善因营销效果建言献策。

本专著得到教育部人文社会科学规划基金项目(23YJA630083)、江苏高校"青蓝工程"电子商务专业优秀教学团队、国家级一流本科电子商务专业建设点、"十四五"江苏省工商管理学重点学科、江苏省高校哲学社会科学基金项目(2019SJA0985)的支持，在此表示衷心的感谢。

由于作者水平所限，书中难免有错误和不当之处，敬请读者指正。

著　者

2023.1

目　录

1 绪 论

1.1 研究背景

1.1.1 现实背景

“做广告不如做新闻，做新闻不如做公益”。当前，消费者已经越来越多地将企业是否参与慈善活动作为衡量其履行社会责任的标准，并据此对企业做出好恶的评判，这也促使越来越多的企业需要而且乐于参与多种形式的慈善事业，企业家们也逐渐开展多种形式的善因营销活动。但是，对于企业来说，有时做慈善会给企业财务状况造成一定的冲击，在某种程度上成为企业的一种包袱，甚至有时令企业陷入进退两难的境地，所谓“成也慈善，败也慈善”。不做慈善不行，少做或过度慈善也不行。一方面，过多的慈善活动影响到企业的业绩；另一方面，有些时候由于企业在做慈善行为时，做的方式不是特别恰当，好心办坏事，以至于还有可能招致相反的效果。因此，企业要将慈善行为与营销手段巧妙地结合起来，从而达到提高企业营销绩效和企业履行社会责任的双重目的。也就是说企业要想成功地实施善因营销，就要找出与企业、慈善组织、消费者相关的各种影响要素，研究其作用机理，然后才能够根据企业的具体问题“对症下药”，只有通过有效而合理地采取善因营销的方式，才能实现企业、社会、政府和消费者等的“多赢、共赢”。

从某种角度来看，善因营销(cause-related marketing)是企业承担社会责任策略之一，是指企业设计并实施营销活动，在某一段时间内，承诺将部分所得赠予公益组织，通常表现形式为当顾客参与到活动中时，消费者每购买一件指定产品，企业就向事先确定的公益事件捐一定数额的钱。通过善因营销，能够有效地将企业对公益事件的捐款同消费者对企业产品的购买行为有机地联系在一起，在为企业创收的同时，也帮助了利益相关者，进而实现了企业、消费者、慈善机构、政府“多赢”的目的[1-2]。当前很多企业已经将善因营销作为可供选择的营销战略之一，一方面，它有利于企业将其公共关系和企业品牌、产品、形象等融合在一起，另一方面，它还有利于将企业识别和慈善组织、非营利或公益事件联系在一起。通常而言，对于企业来说，既可以将慈善或公益的花费在企业缴纳营业税、增值税等税金之前作为抵扣项进行抵扣，节约企业的税金，还可以利用慈善事件与消费大众建立长期持久的情感关系，这是传统服务营销手段无法做到的。而且善因营销也不是“无条件捐赠”，善因营销要实现企业、慈善组织和消费者利益的共赢，而“无条件捐赠”是不需要与销售挂钩的。可以说善因营销是一种“特殊形式的捐赠”，这种“特殊形式的捐赠”行为是与企业的销售相关联的，最终目的是实现企业的利润和非利润目标。企业的善因营销与无条件捐赠的区别如图 1-1 所示：

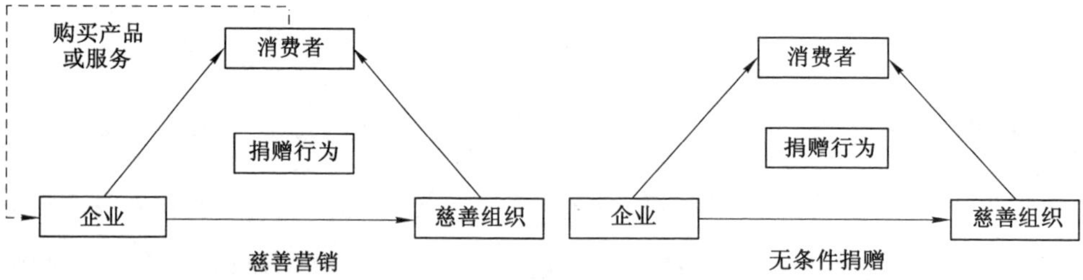

图 1-1　企业的善因营销与无条件捐赠对照图

此外，企业的善因营销与无条件捐赠的目标也不一样，善因营销是有着明确的销售目标，同时要提升企业的知名度和美誉度，而无条件捐赠则较为单纯，纯粹是做公益，无销售目标，所获得资金要支持慈善机构或公益事业。两者详细的差异情况如表 1-1 所示：

表 1-1　企业善因营销与无条件捐赠的区别

比较项目	企业善因营销	无条件捐赠
目标	有明确的销售目标，同时要提升企业的知名度和美誉度	无销售目标，所获得资金要支持慈善机构或公益事业
支持	由企业营销预算支持	由企业慈善基金支持
规模	善因营销达到的效果与产品销售情况成正比	达到的效果基本固定
是否免税	非免税	免税

善因营销之所以成为当前研究的热点话题之一，笔者认为其原因主要有以下三个方面：

首先，善因营销逐渐发展为企业实现营利目标的重要营销手段和平台之一。一方面，对于企业来说，通过善因营销可以提升企业在消费者心目中的地位，品牌及善因认同也会在某种程度上正向影响善因营销产品购买意图[3]。蔡文著，黄祥辉（2021）基于温情理论和道德许可理论，通过采用三个实验研究的方式，研究结果表明：与无促销相比，企业实施善因营销对消费者放纵行为有显著的正向影响；温情感在善因营销与放纵行为之间起中介作用[4]。这就再次验证了企业采用善因营销的方式，是履行社会责任、回馈社会的重要手段之一[5]，并且越来越多的消费者也表现出乐于参与善因营销活动的意愿。另一方面，企业也越来越注重通过向公众或消费者宣传慈善事件来促进销售和履行自己的社会责任。善因营销不仅能够维持企业长期履行社会责任的良好形象[6-7]，而且能够促进短期销售额的增长[8]，而且还能通过善因营销的获利来弥补其所付出的成本。更为重要的是，当企业呈现出亲社会信息（prosocial messages）和具有强烈的社会责任感时，千禧一代的消费者（Millennial consumers）将对该企业及该企业下属品牌表现出强烈的偏好，并且这一趋势不太可能在短期内有所改变，原因在于企业在实施善因营销活动过程中获取了消费者的信赖，树立了良好的口碑。

其次，善因营销活动不仅能够为企业带来利润，也能最大化消费者的效用。已有研究表明：在美国有接近 80％的消费者更愿意支持与慈善事件相关的产品，66％的消费者明确表示愿意为了支持慈善事件而转换品牌，还有 47％ 的消费者每个月至少会购买一次开展善因营销活动的品牌。加拿大、英国和新西兰的消费者也具有相同的消费特征。

再次，善因营销还可以提升包括股东、消费者及企业员工等各利益相关者对企业的认同感。例如：善因营销的活动往往有利于加强股东的持续投资意愿，或增强员工的使命感与忠诚度等。经常性开展善因营销活动的公司相对于较少从事慈善活动的公司来说，员工对企业的忠诚度平均高出 25％，而且在员工选择公司的时候，大约有超过 75％的员工会把公司所作的公益事业或者对社会公益事业的承诺作为其选择公司的主要参考标准。

综上所述，当前在世界上许多国家，善因营销已然成为企业重要的营销工具，越来越多的企业将善因营销作为一种新型的营销方式纳入企业的营销战略之中。美国《商业周刊》甚至将它描绘成“慈善事业中最热门的事情”。

但是善因营销的实施能否成功，善因营销的关键要素如何把握，捐款或者捐赠数额的额度如何确定，怎样与消费者进行慈善事件的沟通，什么样的宣传形式更容易被消费者接受，这一系列的问题还有待于寻求更好的解决方案，也是大多数企业家所顾虑和担忧的。我国有些知名企业在实施善因营销策略的时候都曾遭遇“滑铁卢”，例如在汶川大地震发生后，万科集团在第一时间捐赠了 200 万元，这一慈善事件的出台，直接招致了一个相反的效果，民众认为万科是在“作秀”，捐助额度与企业实力不符，“小气”“吝啬”等评论席卷而来，后来迫于舆论压力，万科集团又追加了 1 亿元捐款，但是仍然民愤难平，收效不明显。可见，善因营销的实施情况和效果并不那么乐观，中国的善因营销尚处于起步阶段，对善因营销的应用还需要不断的学习、尝试和提高。但可喜的是中国企业的社会责任意识在不断提高，对善因营销理念正在不断接受，对善因营销的价值和重要性也逐渐意识到，因此越来越多的中国企业都参与到善因营销的行列，很多企业通过善因营销活动达到了“名利双收”的效果。部分企业开展善因营销活动的详细情况如表 1-2 所示。

表 1-2　国内部分企业善因营销活动一览表

企业名称	所属行业	慈善事件	联合的慈善机构	捐款形式	捐赠领域
农夫山泉	饮料	饮水思源	中国宋庆龄基金会	按销售额比例捐赠	水资源保护
格兰仕	家用电器	中国红行动	中国红十字会	按销售额比例捐赠	贫困农民及儿童的生命健康
李宁	体育用品	爱心助学公益活动	中国网络电视台	营业额和产品捐赠	贫困儿童健康及教育
中国移动广东公司	通讯	希望工程	广东省青少年发展基金会	技术性产品捐赠	贫困儿童教育
河南省大成实业有限公司	饲料养殖	光彩事业	中国光彩事业促进会	投资捐赠	贫困地区经济发展
统一绿茶	饮料	你喝绿茶，统一植树	山水自然保护中心	线上消费者互动，直接货币捐赠	野生动植物保护

由此可见，企业究竟采取哪些措施以及如何推行善因营销战略才能获得成功？善因营销要想达到预期效果，影响其功效发挥的关键影响因素究竟有哪些？这些因素又是如何影响企业善因营销效果，其内在机理又有哪些？如果能够对于上述问题展开深入研究，对善因营销发挥功效的外在边界条件和制约因素进行探讨，对于我国多数企业来说都具有十分重要的意义，将能够指导我国企业成功地实施善因营销战略的实践，从而帮助企业达到经营利润最大化和社会利益最大化的双重目标。

在这样的现实背景下，本书旨在研究善因营销中消费者-慈善事件契合度、卷入度等组态因素如何对善因营销效果产生影响的内在机理，利用结构方程进行实证，基于传染病模型，对于善因营销中慈善信息传播的机制进行归纳总结，基于神经网络模型，对各组态因素对善因营销效果的影响程度进行综合评价。相关研究结论将有利于帮助我国企业找出成功实施善因营销的内在规律，从不同视角帮助企业、慈善组织和消费者等相关利益人各司其职，从而为共同提升我国善因营销效果、为我国企业能够成功实施善因营销、达到良好的善因营销效果建言献策。

1.1.2 理论背景

在善因营销的理论研究方面,已有大部分学者主要围绕着善因营销中三个关键要素:企业、慈善事件、消费者展开探讨和研究。其中有关三者之间的契合度问题如何影响消费者态度和行为进一步得到了学者们的重点关注。如企业与慈善组织的契合度[7,9-10]、产品与慈善组织的契合度[11]、企业与消费者之间的契合度[12-13]。其实,在实施善因营销战略过程中,企业与消费者进行慈善信息沟通的技巧,比如信息结构对消费者的态度和行为的影响同样非常重要。同样意义的信息采用正面信息还是负面信息将产生不同的效果,先介绍慈善事件后说明产品特点,还是先说明产品特点后再介绍慈善事件,对沟通效果也不尽相同[14]。尽管国内外研究者进行了善因营销与"企业、慈善事件、消费者三要素"有关的诸多研究[15],但是鲜有学者探讨信息结构与契合度的交互作用,特别是框架效应[16]、顺序效应与消费者-慈善事件契合度如何共同决定消费者态度和参与意愿等相关研究的成果还不多见[17]。

由此可见,一方面,虽然国内外专家学者们从自己研究的侧重点出发分别阐述了不同的观点和看法,对善因营销理论方面的研究有多种角度、多个切入点和多种理论研究方法,但是对于消费者-慈善事件契合度、卷入度以及企业捐款形式、消费者感知诚意等对善因营销效果的影响方面依然有必要对其展开深入具体的研究。另一方面,从理论方法来说,国内学者大多采用案例研究和定性研究,国外学者大多采用实证研究,鲜有学者将数学模型引入善因营销的研究中,用数学建模的方式分析和判断善因营销问题。

基于上述原因,本书以消费者-慈善事件契合度、卷入度以及企业捐款形式、消费者感知诚意对善因营销效果的影响为切入点,将在理论研究方法上进行尝试和创新,使用传染病模型、神经网络模型等数学模型,围绕善因营销中组合关键因素对营销效果的机理展开,尤其对影响善因营销效果的多个指标进行敏感度分析和影响力的判定,从而在一定程度上补充和完善现有的善因营销研究理论。

1.2 研究意义

1.2.1 理论意义

首先,根据详尽可能性模型(elaboration likelihood model,ELM)可知,消费者个人由于"动机"和"能力"的不同,对于所接受的相关善因营销信息会有不同的处理方式,这将会影响人们思考事情以及做决定的态度，也影响了人们搜集信息及对相关营销刺激来源的评估程度。由此，本书通过详尽可能性模型分析消费者与慈善事件间的契合度等组态关键因素，如何对消费者态度和消费者参与意愿产生影响的内在机理，从而进一步完善有关善因营销的契合度研究。

其次，本书借鉴展望理论、信息调整模型等相关理论，考察在善因营销沟通中，信息结构特别是信息展示的框架效应、顺序效应与契合度的交互作用，并重点考察事件卷入度在契合度和消费者态度与参与意愿之间的中介效应，进而为更好地解释消费者态度和参与意愿的形成机理提供理论依据。具体而言，一方面基于深度访谈的分析，探讨消费者-慈善事件契合度和卷入度对善因营销效果的影响分析；另一方面，深入研究品牌-慈善事件契合度及捐款形式和感知诚意对善因营销效果的影响分析，其中又特别探讨了消费者感知诚意在其中所发挥的中介作用。

再次，在归纳分析善因营销信息常见的传播方式的基础上，基于传染病模型，建立“慈善信息传播过程”“相似慈善信息影响”“慈善信息差异性分析”等三个模型，并进行求解，从而剖析善因营销中慈善信息传播机制。

最后，本书采用神经网络模型对消费者-慈善事件契合度、企业-消费者契合度、慈善事件-企业契合度、消费者-慈善事件卷入度、消费者-产品卷入度、慈善组织宣传形式程度、企业宣传形式程度、消费者感知诚意度等指标对善因营销效果的影响机理进行分析，对各项指标对善因营销效果的影响力(敏感度)进行综合评价。

因此，本研究的理论意义在于丰富与拓展了善因营销研究的理论方法和研究工具，将传染病模型、神经网络模型等引入善因营销研究领域，同时也为推行善因营销的企业提供理论指导和理论借鉴。

1.2.2 实践意义

随着消费者越来越关注企业的社会责任，善因营销越来越成为企业一种常见的营销手段和方式。例如，美国运通银行与埃利斯岛基金会合作，早在 1983 年就采用了善因营销的方式，为修复自由女神像筹集了 170 多万美元。根据 Edelman Goodpurpose 2012 的调查报告，全球 87%的消费者认为企业应当像注重商业利益那样注重社会利益。以美国为例，相比于 2011 年，2012 年间在全美相关赛事的赞助当中，善因营销捐赠额达到 17.3 亿美元，同比增加了 3.1%。尽管全世界的品牌对善因营销都趋之若鹜，消费者也支持企业的善因营销行为，2011 年 Cone/Echo Global CR Study 调查显示，93%的消费者想了解企业正在做什么慈善事件让世界变得更好，但不幸的是 71%消费者没完全理解企业传递的信息,没有理解企业为慈善事件做的努力以及产生的影响。因此善因营销中契合度、卷入度、信息沟通形式、捐款形式等对营销有效性的影响和重要作用可见一斑。此外,在西方发达国家中,企业采用善因营销活动往往还会对其商业有着正向的影响,其外在表现形式为增加销售额和利润,并有利于帮助树立企业品牌形象[18-21]。

然而,企业究竟应该采取哪些方式才能精准锁定具有捐款意愿的消费者呢?哪些消费者才是企业善因营销的目标呢?企业究竟如何设计恰如其分的慈善事件才能更加吸引潜在消费者的目光呢?究竟采取哪种恰当的慈善广告诉求方式才能进一步提升消费者对善因营销的态度和参与意愿呢?更为重要的是,在善因营销沟通中,什么样的信息结构(正面框架 VS 负面框架;首因 VS 近因),消费者-慈善事件契合度和卷入度对善因营销效果的影响内在机理究竟是什么?尤其当企业的品牌-慈善事件契合度一定的前提下,企业采取哪种捐款形式,才能够帮助消费者更为清晰地看到并理解企业所传递的信息,并且愿意去感知这些信息甚至深深的被打动,企业的善因营销活动才能够成功,善因营销的效果才能够显现。因此,本书的实际应用价值体现在指导我国企业如何更合理地设计慈善事件、更正确地选择慈善组织、更有效地提升慈善事件的宣传效果,最终达到企业的利润和非利润目标。

1.3 研究内容

第一部分:绪论。介绍本书的研究背景、研究意义、研究的主要内容、研究方法以及技术路线。

第二部分:文献综述及核心概念的界定。基于 Citespace 分析方法,对善因营销的内涵、类型及发展历程进行了系统回顾,尤其对善因营销论文发表篇数的时间演变历程(2000 年—2021 年)进行深入分析。对善因营销开展研究的国家和地区分布制作了合作研究图谱,根据关键词热度变化和频率,制作了关键词时间线图和关键词时区图。结合高频引用文献、关键词时间线图和关键词时区图提炼和归纳善因营销的研究热点。

第三部分:消费者-慈善事件契合度、卷入度对善因营销效果的影响研究,包括研究模型、理论假设及验证、实验设计、数据分析及假说检验、研究结论等。根据详尽可能性模型和社会认同等相关理论,重点考察"消费者-慈善事件契合度"及卷入度对善因营销效果的影响,进而为更好地解释消费者态度和参与意愿的形成机理提供理论依据。

第四部分:研究善因营销企业捐款形式、品牌-慈善事件契合度和感知诚意对消费者响应的影响,包括概念模型及假说的提出、实验过程和实验结果、多元方差分析及假说检验结果等内容，并结合典型案例进行分析。根据心理意象理论、网络记忆模型和线索一致性等理论，采用2（捐款形式：清晰VS模糊）×2（品牌一慈善事件契合度：高VS低）组间因子实验设计，探讨企业捐款形式、品牌-慈善事件契合度及消费者感知诚意对善因营销效果的影响机理。

第五部分：基于传染病模型，研究善因营销中慈善信息传播的机制，建立"慈善信息传播过程""相似慈善信息影响""慈善信息差异性分析"等三个模型，并进行求解，进一步论证慈善信息传播的路径、速度及其对消费者造成的影响。在归纳分析善因营销信息常见的传播方式的基础上，基于传染病模型，建立"单一慈善信息传播过程"模型、"相似慈善信息影响""慈善信息差异性分析"等三个模型，并进行求解，从而得到善因营销中慈善信息传播规律和机制。

第六部分：利用神经网络模型对影响善因营销效果的诸多组态因素进行影响力的评价以及各个指标对营销效果敏感度的判断和解析。采用神经网络模型来研究各组态因素（企业-消费者契合度、消费者-慈善事件契合度、慈善事件-企业契合度、消费者-产品卷入度、消费者-慈善事件卷入度、慈善组织宣传形式程度、企业宣传形式程度、消费者感知诚意度）对善因营销效果的影响。

第七部分：根据前几章的研究内容提出研究结论，就提高善因营销效果提出相关措施和建议，并为企业开展善因营销战略提出可以实际操作的建议。从不同视角帮助企业、慈善组织和消费者等相关利益人各司其职，从而为共同提升我国善因营销效果、为我国企业能够成功实施善因营销、达到良好的善因营销效果建言献策。

1.4 研究方法

本书研究方法遵循定性分析与定量分析相结合，实证分析与规范分析相结合，横向比较与纵向比较相结合的研究方法，本书使用的研究方法主要有：

(1) 文献研究方法

通过阅读国内外相关文献，并对文献进行归纳梳理，找出消费者与慈善事件的契合度，确定概念框架。从国外顶级期刊寻找相应量表，采用双向翻译形成初始量表，特别是高低契合度的测量和操控。在实验设计过程中，保持企业（以品牌来代替）不变，然后操控消费者与慈善事件的契合度，这样能够保持消费者对品牌过去实际知识和消费经历不变，尽量避免由此带来的对实验结论的影响。

(2) 深度访谈和问卷调研法

通过对消费者和部分企业高管层代表的深度访谈，确切地搜集到资料，快速准确地了解消费者的所思所想，从而更好地探讨消费者对善因营销评价的影响因素，以及消费者对产品或慈善事件的熟悉度、卷入度如何影响企业善因营销活动的构建。还采用问卷调研的方法，收集相关数据，并进行信度和效度检验，考察消费者与慈善事件契合度、慈善事件卷入度如何决定善因营销活动的效果。在此基础上，探讨消费者卷入度的中介作用。

(3) 行为实验研究方法

一方面，通过组间实验设计，在消费者-慈善事件契合度研究中，将每一组被试仅在一种实验条件下接受实验处理，通过随机分配或匹配的方式将被试分到不同的实验条件下，以平衡或减小被试差异带来的误差。

另一方面，借助析因实验设计(factorial experiment design)，在研究卷入度对契合度的交互效应中，将实验中各因素全部水平相互组合进行试验，以考察各因素的主效应与因素之间的交互效应的试验安排方法。采用该方法能够有效对各因子对结果影响的共同效应进行分析。

(4) 数学建模

首先，利用详尽可能性模型、展望理论、信念调整模型等相关理论对善因营销中消费者-慈善事件契合度如何影响消费者态度和参与意愿，以及与信息结构交互作用共同对态度和参与意愿产生的影响等展开研究。重点是利用相关理论进行逻辑推理来解释契合度对消息者态度的影响机理。其次，分析善因营销沟通中信息结构特别是框架效应和顺序效应与契合度的交互作用，对两种交互效应进行分析及其理论解释。

在上述理论的基础上，进一步利用传染病模型分析慈善信息传播机制，以微博自媒体平台为例，研究慈善信息网络传播的特点、过程和基本规律，预测微博平台慈善信息转发人数和基本规律，将数学模型应用于慈善信息传播机制的研究。此外，还利用神经网络模型研究善因营销组态因素对营销效果影响的机理和影响效力的综合评价，进而实现对提升善因营销效果进行路径优化，丰富和深化现有的干预措施和评价模式。

(5) 案例分析

通过对农夫山泉、李宁、格兰仕、中国移动、统一绿茶、华润集团、上海大众、美国户外休闲品牌 KEEN 等企业实施善因营销活动的案例分析，总结企业如何通过善因营销活动提升企业在消费者心目中的地位，以及企业如何通过善因营销向公众或消费者宣传善因营销来履行社会责任和回馈社会的。通过案例研究企业在实施善因营销的过程中由于消费者-慈善事件契合度、卷入度、捐款形式等影响善因营销效果的真实情况，为实验设计提供依据。

1.5 技术路线

为进一步开展本研究，基于对影响善因营销效果的组态因素和机制分析的目标以及本研究的内容、研究模型和研究方法，制定本研究的技术路线，具体技术路线图如图 1-2 所示。

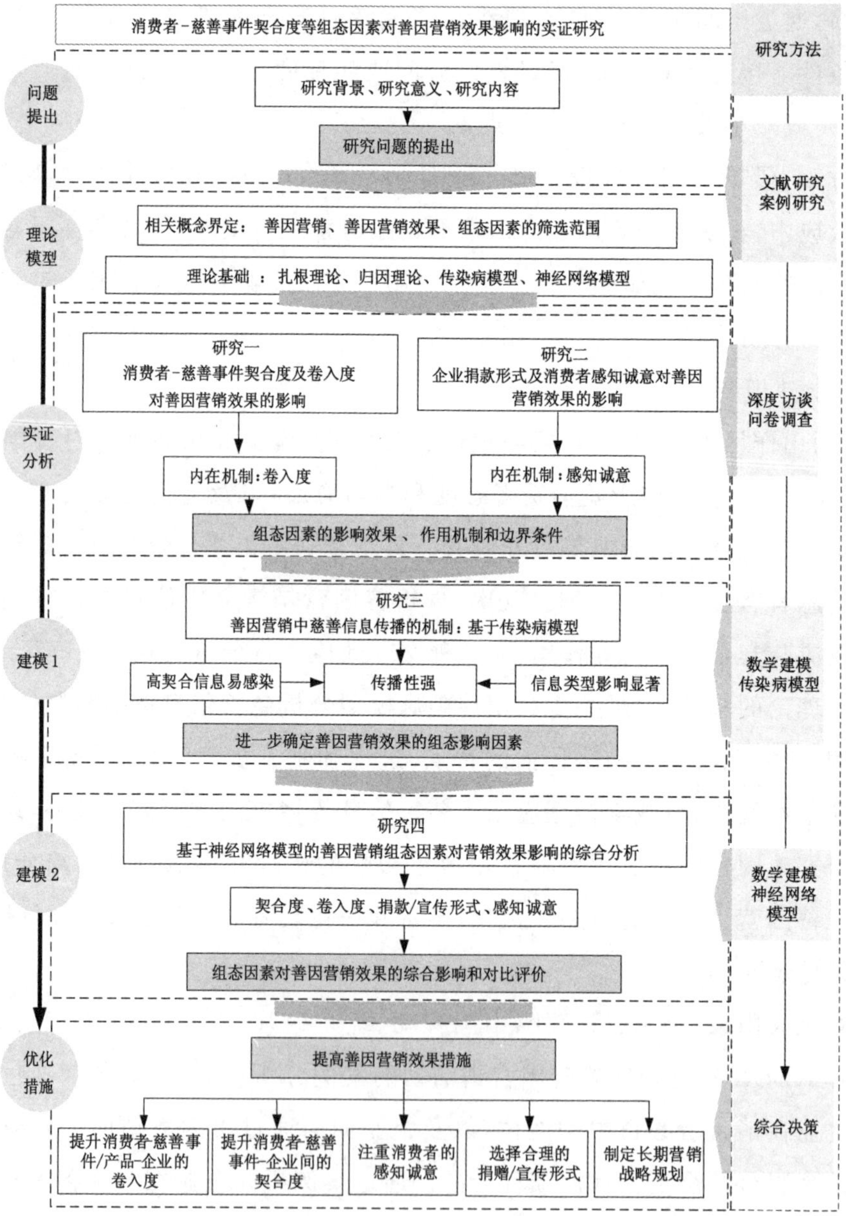

图 1-2　技术路线图

2 文献综述及理论框架分析

2.1 文献综述

随着社会经济的发展，慈善事业日益兴盛，企业如何在决策、经营和管理活动中承担社会责任成为了学术界和实践界的一个热点话题。根据《企业社会责任蓝皮书：中国企业社会责任研究报告2020》显示，近年来，国企100强、民企100强和外企100强社会责任发展指数呈增长趋势，2020年的中国企业300强社会责任发展指数为36.0分，较2009年的15.2分显著上升，换而言之，越来越多的企业显示出凝心聚力、共担社会责任的趋势。详细情况如图2-1所示。

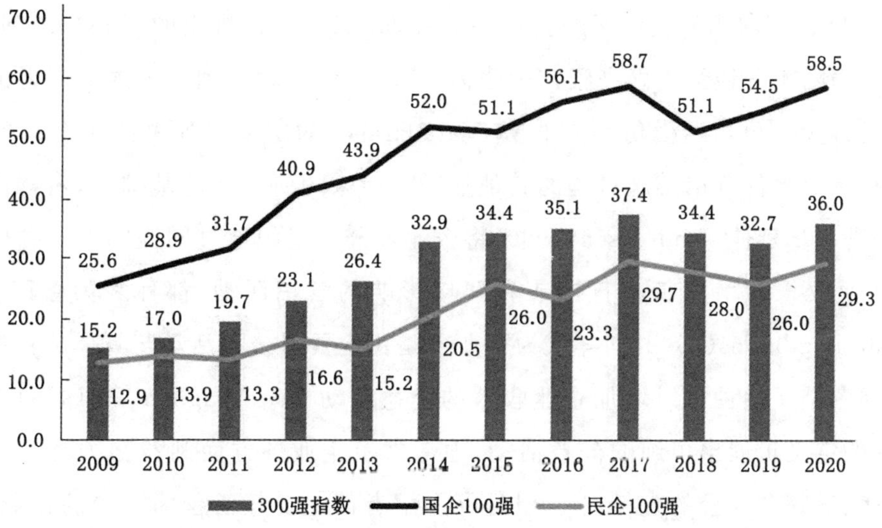

图2-1 2009—2020年企业社会责任发展指数年度变化

而善因营销正是在如今这种企业对社会责任的高度关注背景下，应运而生的提高企业对社会责任参与度的有效营销工具。善因营销是一种将公益捐赠与产品销售相结合的新兴企业战略[22,8]。近几年各种有关善因营销的事件不断涌现，如英菲尼迪“每卖出1台车即捐100元用于疫情专项慰问”；KFC“每售出一个KFC全家桶，就向乳腺癌研究基金会捐赠0.5美元”“每购买一杯可乐，所售的2.99美元中的1美元就会捐给青少年糖尿病研究机构”；农夫山泉“一分钱捐赠”等。在学术界，曹忠鹏等学者(2012)提出善因营销被认为能够有效地向大众传递企业社会责任感，激发消费者对具有公益属性的善因营销产品产生需求和购买欲望，对企业提高产品销售额、提升品牌声誉、改善消费者态度具有重要作用[23]。然而，毕楠等学者(2016)认为目前善因营销的发展尚处于初级阶段：某些善因营销策略可能导致企业被冠以“伪善”“炒作”等骂名，从而产生负面效果[13]。因此，为满足善因营销发展的实践需要，学术界亟需加强对善因营销的概念、理论基础以及深层作用机制的探讨。

2.1.1 善因营销的内涵及特点

善因营销(cause-related marketing：CRM)，又称公益事件营销，现阶段被大众普遍认可的是Varadarajan(1986)的定义，他最早将善因营销这种企业活动上升到理论的层面，将其定义为：“企业通过设计一个公益事件(cause)开展营销活动，这个公益事件承诺通过一定形式将所获利润部分捐赠给公益组织，消费者能够通过购买产品进行公益捐赠活动，而企业能够增加销售利润，从而达到满足社会贡献和经济贡献的双重效果”[22]。善因营销起源于美国运通公司(American Express)推出的“每购买一张新卡或一次服务，捐赠1分钱给美国高雅艺术团体”活动。该活动受到了美国消费者的支持和喜爱，随后各大公司相继模仿[23]。但是Varadarajan的定义更加关注于产品的营销过程，并没有考虑事件营销实施过程的其他活动。后来的研究在此基础上，对善因营销的定义做了进一步延伸，Andreasen(1996)将企业及公益组织通过同盟的方式共同进行的能够给企业收入的增加带来直接或者间接影响的营销活动，都称之为善因营销[24]。Barnes和Fitzgibbons(1992)同样认为企业不是一定要将公益活动与具体的销售活动相联系，善因营销是一种可以增加企业收入的公益活动[25]。Maignan等(1999)进一步将善因营销的定义扩展出单纯的公益活动，他考虑了企业各方面利益相关者及其承担的经济、法律、道德和社会的责任[26]。但是以上学者都主要基于善因营销的企业角度，以增加企业的收入作为善因营销的目标，将其作为企业实现营销目标的策略。

Pringle和Thompson(1999)则基于善因营销的社会角度来考虑，在定义中强调善因营销的社会作用，善因营销是一种战略定位和市场营销工具，通过企业和公益组织的共同利益将企业的产品或品牌与社会公益联系在一起，通过战略联盟解决某一社会问题[27]。Adkins(2000)则从企业和慈善机构战略同盟的角度来考虑，强调两个方面的共同利益，为了双方的利益策划营销活动，将双方利益作为善因营销的目标[28]。

事实上，善因营销与企业慈善并不完全一致。关于善因营销的内涵与外延虽然国内外学者仍存在一定的争议，但是善因营销与企业慈善存在较大的不同是被大多数学者所认可的。企业慈善只具有利他动机，只是为了社会做贡献，并不关注企业方能够从中得到的市场利益；善因营销主要是希望通过与公益机构的合作达成营销的目的，既考虑社会贡献，又考虑企业自身收益，其二者的区别整理如表 2-1 所示。

表 2-1　企业善因营销与企业慈善的区别

	善因营销	企业慈善
根本目的	实现企业营销目标，扩大知名度、提升销售、改善公众形象等	向非营利机构或公益事业提供资金或其他支持
资金来源	企业营销预算	企业慈善基金
资金数量	随产品销售情况改变，与消费者反馈、市场回报挂钩	慈善资金相对固定
税法相关规定	不能减免	可以减免

来源：笔者在参考毕楠(2016)的基础上整理所得。

善因营销还是一种兼顾企业效益、消费者满意度、慈善机构募资与社会整体福利的营销模式，这种模式有利于实现企业、消费者、慈善机构与社会整体的有机联合，助力提升企业品牌价值、增强消费者自我认可、提高慈善机构公众度、提升社会净福利水平，进而促成四方共赢的局面。单从字面意思来看即为“与慈善事业存在关联的营销行为”。已有研究对于善因营销的定义大多基于对企业与慈善组织二者之间关系的讨论，主要从企业经济动机与慈善机构募资需求两个维度进行概念界定[29-31]。例如，早期的研究将善因营销定义为企业将自身产品与慈善事业挂钩，即企业从善因营销产品销售收入中拿出一定比例的收益用于公益事业，但是产品仅限于实物[32-35]。之后有学者认为善因营销是一种提高企业营利额度的公益营销方式且并不仅限于实物，因为企业慈善活动并不一定要与企业的具体销售活动相关[36,3]。也有研究指出善因营销是慈善组织与企业的合作行为，既可以提高产品的销售额和企业的形象，又可以为慈善组织募集到资金，提高其社会影响力[37-38]。随着研究的深入，学者们开始关注企业与慈善机构联合对社会福利的影响[39-41]。有研究将善因营销定义为企业和慈善组织的战略联盟，这种战略联盟不仅有助于达成双方各自的营销目的，还有助于双方协力解决某一社会问题[42-43]。类似地，有研究指出善因营销是在企业与非营利组织之间建立互惠互利关系，实现为企业增加利润和促进公益事业发展的双重目标[44-45]。近年来，也有研究将视角转向善因营销主体与客体之间的关系，并充分考虑了善因营销中消费者态度的影响作用[46-47]。

综上所述，善因营销主要基于善因营销的企业角度、社会角度、企业与慈善机构的战略同盟角度三个方面出发进行定义，并且对善因营销的定义大多数还是以 Varadarajan 的定义为基础，虽然他的定义也还是存在一定不足，但是后面的定义没有被大众所认可。而现阶段国内外学者的定义虽然基于不同角度，阐述方式有所不同，但是都认可一点——即善因营销既有经济贡献（利己动机）、又有社会贡献（利他动机），企业期望达成提升销量和利润的同时提升形象和品牌形象，与单纯的企业慈善存在不同。

虽然各位学者对善因营销的定义各有不同，但对于善因营销特点中具有的共性仍然可以归纳为以下几点：

第一，善因营销是一种新型营销方式，而不是纯粹的慈善事业。善因营销具有提高产品销售额的目的性，同时可以通过善因营销达到改善品牌形象的目的，善因营销不是完全的利他。也就是说善因营销跟慈善事业不同，跟普通的营销方式也不同，它是一种将商业目标和社会目标有机结合起来的一种新型营销模式。

第二，善因营销不仅可以由企业和慈善机构发起，而是可以由企业、非营利机构或者社会其他机构任意一方发起，以达到互惠互利的多赢目的。因此，善因营销活动的组织或发起者可以是多样的，而非营利性企业和慈善组织独有。

第三，在善因营销活动中，企业的投资可以采用多种形式，包括资金投入、物质投入、时间投入以及其他资源的投入等，也可以整合资源作为集中投资。

第四，善因营销的形式具有灵活多样性。只要企业组织或参与善因活动的是以推销企业的产品或者提高企业的形象为根本目的，就可以称之为善因营销。

2.1.2 善因营销的类型

从上一节可以看出，正是由于当前学者们对于善因营销的定义在学界并未统一，以至于善因营销的类型也有多种说法，学者们从不同的研究视角出发，将善因营销的类型也进行了不同的划分。

(1) 根据善因营销活动持续时间不同可以将善因营销划分为短期、中期和长期三种类型

Varadarajan 和 Menon(1988)将善因营销划分为短期、中期和长期三种类型，其研究指出，随着时间长度的增加，消费者对企业品牌形象的认知也在增加[8]。Barnes 和

Fitzgibbons(1992)将善因营销分为一次性善因营销和持续性善因营销。这两位学者指出，一次性善因营销包括时间上的一次性或组织机构的一次性[25]。如果某善因营销活动只开展一次或者与某一非营利组织只合作一次，都属于一次性善因营销。一次性善因营销的优点是有活动次数和时间明确，检验活动成果有效性及时，企业能够控制整个活动进程，但这种方式缺乏持续性，而且曝光时间短，不容易对消费者产生较大的影响或冲击，营销效果欠佳。而持续性善因营销则相反，因为其曝光时间长，能够对消费者产生更大的影响和连续的冲击，也给了消费者更多的时间参与其中，更有利于品牌宣传以及企业形象的树立，能为企业带来更多的经济与社会利益。

白琳等(2019)则探寻了品牌性别和温暖诉求对善因营销广告效果的短期影响[48]。根据他们的研究，双性化品牌的善因营销广告影响的短期效果最好，而相比于男性化品牌，女性化品牌的善因营销短期效果则更优。同时，品牌熟悉度不仅是消费者在对产品直接或间接的体验过程中积累的关于产品信息的知识，代表了其记忆中与品牌相关的联想[49]，也是行为产生的动机[50]，在一定程度上能够影响受众对企业的社会责任感知，产生更符合善因营销期待的顾客行为。与此对应，吕丽辉等(2020)的研究表明，当旅游企业进行善因营销时，选择消费者熟悉度较高的慈善组织进行合作，会产生更积极的消费者中长期响应，从而能够获得更好的宣传效果[51]。此外，Hardesty 等(2002)根据态度可接近性理论，提出产品熟悉度越高，则表明其脑海中与产品信息、品牌联想相关的知识越多，品牌信息就越容易被提取出来[52]，因此，品牌熟悉度也会影响消费者对于善因营销的长期认知效果。Guerreiro 等(2015)的研究也证实了这一观点，当善因营销活动的产品是奢侈品时，消费者具有更加积极的购买意愿，善因营销的长期效果将会更好[53]。并且，这种效果会随着时间在潜移默化中影响着消费者的决策。

(2) 根据与非营利组织合作形式不同划分为以交易为基础的推广活动、联合议题倡导活动以及特许授权三种形式

Andreasen(1996)将善因营销划分为以交易为基础的推广活动(Transaction-Based Promotion)、联合议题倡导活动(Joint Issue Promotion)以及特许授权(Licensing)三种形式[24]。如果企业是以销售产品或项目为目的，并将部分销售额捐赠给非营利机构，这样的善因营销活动就是以交易为基础的善因营销活动。善因营销活动中与捐赠有关的产品，则可能促使企业的目标顾客去购买[54]。如果企业与非营利组织合作，通过发放宣传材料、免费产品或者播放公益广告等方式，来预防甚至解决受社会关注度较高的问题，则这一营销形式叫作联合主题倡导，这样的形式不依附于某一项特殊活动，而更加在于企业传递给顾客的信息内容，因此与广告信息的关联程度比较密切[55]。联合主

题倡导的作用机制是即使消费者感受到企业的伦理行为，仍然通过引起一种联合广告运动来刺激公众对企业伦理行为的感情。特许授权是指企业被授予非营利组织的名称或商标的使用权，以捐赠固定金额或一定比例的收益作为条件，以热衷于公益活动的消费者作为营销对象。

在以交易为基础的推广活动中，企业产品类型与慈善事业类型契合的契合类型及契合程度是善因营销领域近些年的一个研究热点。罗宇(2018)研究表明企业与善因事项的匹配度是指企业产品、形象等与善因事项的关联程度。企业必须选择合适的善因事项，否则就有可能导致善因营销活动失败[56]。司凯(2017)的研究指出，在联合议题倡导活动中，品牌与慈善事件的高契合度比低契合度能够让消费者产生更正向的响应，消费者品牌态度和购买意愿显著高于低契合状态[57]。程春(2021)的研究与上述结论不谋而合[58]。朱翊敏等(2014)在以中国为研究对象时，研究结果认为，在特许授权的善因营销活动中，实用品比奢侈品更能激发消费者对善因营销活动的认同感，形成更好的营销结果[59]。

(3) 根据善因营销实施的方式不同划分为赞助、以交易为基础的推广活动、联合议题倡导活动以及实物捐赠等四种形式

Liu 和 Ko(2011)研究结果表明：善因营销可以划分为赞助(sponsorship)、以交易为基础的推广活动、联合议题倡导活动以及实物捐赠(donation in-kind)[60]。Menon & Kahn(2003)根据对其他学者以往的研究发现：赞助的方式能够较好改善企业形象，其中的作用原理是通过赞助把企业和一些特殊目标群体的重要事件联系起来[61]。企业可以通过赞助有效增强产品曝光率，界定目标消费者，尤其是对于通过传统的广告模式所难接触的消费群体。实物捐赠是指企业无偿捐赠产品或者服务，目的一般是为了解决某些社会问题。一般情况下，企业实物赠品的价值要高于现金捐赠的价值，因为赠品的成本几乎可以不计，所以相比现金捐赠来说，企业应该更乐于捐赠产品[2,41]。

(4) 根据善因营销目标的不同划分为战术和战略两个层面，根据善因营销模式的不同划分为传统型和社会联盟两种形式

Brink 等(2006)从战术和战略两个层面对善因营销进行了分类[62]。从战术层面来看，企业是以提高促销努力的战略方式提高善因营销有效性来增加企业收益为主要的目标；而从战略层面来看，企业则是以长期提高企业形象，使顾客对企业的品牌采取更加积极的态度为根本目的。例如，Chang 和 Cheng(2015)研究了消费者不同购物导向和心态对其善因营销反应的差异，结果表明：在战术层面，实用型购物导向和个体主义心态的消费者容易对善因营销广告产生怀疑，而享乐型购物导向和集体主义心态的消

费者则不会[63]。

Liu 和 Ko(2011)则将善因营销分为传统型和社会联盟型[60]。两位学者指出传统型善因营销是指企业或者公司通过直接地计划、策划和实施善因营销活动来处理某些社会问题[1]。而社会联盟型的善因营销则是通过公司与非营利性组织开展合作,双方共同努力,制定和实施善因营销活动[64]。例如,在传统型善因营销中,Winterich 和 Barone(2011)研究表明,以自我为中心的人更关注自己的利益,利他心理倾向的人更乐意帮助他人,因此善因营销对利他心理倾向的人群效果明显,对自我为中心类型的人群效果不佳[65]。此外,在广告中使用温暖诉求将促进消费者产生共情情绪进而更加积极参与善因营销。在社会联盟善因营销研究中,Michael 等(2020)发现,在善因营销过程中,消费者对企业的态度影响其购买意愿[66]。消费者对于企业的认同使得消费者与企业产生更深层次的情感性联系,这种认同也会因为现有顾客群而不断扩散到更大的顾客群体中去。

综上所述,通过对善因营销类型的系统分析,本书认为已有的相关研究还存在两个方面的不足。一方面,已有研究大多单独停留在每一种分类战略效果上,并未进行相关组合研究。比如企业实施赞助战略的过程中,也可以采用实物捐赠的方式开展善因营销。另一方面,对于不同的行业以及不同的研究方法,善因营销的分类上也会存在较大的不同,已有的研究仍存在一定的局限性。由此,很有必要对善因营销类型做进一步深入的探讨。

2.1.3 善因营销的发展

20 世纪 90 年代以来,为突破以经济效益为主要动机的营销模式单一的困境,全球各类企业开始与慈善机构建立联系,以期通过基于慈善行为的营销活动提升企业品牌价值,并由此吸引更多消费者参与到这种善因营销活动中来,形成企业、消费者、慈善机构与社会整体的共赢局面。这些大量的企业实践以及相关研究的积极探索为善因营销概念与研究的兴起奠定了坚实的实践与理论基础[67-69]。与此同时,企业营销理念的逐渐转变与消费者社会责任意识的不断增长以及慈善机构筹资方式的日益多元,为善因营销的生根发芽准备了适宜的生长环境[70]。对于善因营销进行研究溯源可以帮助我们更好地理解相关研究的脉络,更加清晰地对善因营销研究演化进行描绘,并对未来发展方向提出参考。因此,本书尝试从企业营销理念、消费者社会责任意识与社会环境因素这三个方面对善因营销的研究进行溯源。

(1) 企业营销理念转变激发“善因营销”研究的兴起阶段

善因营销缘起于美国一家公司帮助非营利组织筹募资金，这种基于社会责任感的营销理念转变促使诞生了善因营销的萌芽。1981 年，美国运通公司为帮助旧金山某艺术团体筹募基金，承诺每当消费者刷卡消费或申请新卡时，公司就会捐赠部分所得给该艺术团体，结果不仅使运通公司销售额成倍增长，而且还为该艺术团体筹募到大量资金。运通公司为此还特意把这种将销售与慈善捐赠相结合的方式作为“善因营销”术语，在美国专利局进行注册。在此事件之后，善因营销作为一种基于营利导向的企业慈善捐赠行为，被越来越多的企业广泛应用。自 1990 以来，美、英等国的企业也逐年增加与善因营销活动相关的支出。Eastman(2019)提出对于企业而言，积极转变传统的以经济动机为主要依据的营销理念，既在实践中激发了企业经营发展的活力，也在一定程度上催生了善因营销的萌芽[71-74]。

(2) 消费者社会责任意识增长推动“善因营销”研究的发展阶段

随着消费者的社会责任意识的增长，消费者作为善因营销的重要参与主体，也起到了促进企业实施善因营销活动，推动善因营销的发展的重要作用。当有些公司出现接连不断的丑闻、受到公众不断呼吁的形势下，企业可以通过善因营销体现社会责任感，改善与社会公众的关系。有助于从这个产品和服务日益同质化的商业世界中脱颖而出，这成为公司与顾客融洽关系和提高营销声望的法宝[75-77]。于是从消费者的角度来说，出于对公益事业的日益热衷以及对慈善组织的逐渐认可，消费者们愈渐重视其消费带来社会贡献，这种社会责任意识的增长促使企业组织实施更多的善因营销活动，同时也在一定程度上助推了善因营销研究的蓬勃发展[78-80,4]。

(3) 社会环境日益复杂促进“善因营销”研究的演化阶段

善因营销活动开展主要基于企业、消费者与慈善机构三者之间的资源转移与利益置换，同时其演化发展也受到社会环境的影响并反馈促进社会总体福利的增加。从社会发展的角度来看，天然存在的地理阻隔与后天形成的阶级屏障造成了社会资源分配不均、社会矛盾日益激化等问题，资源的非营利性转移可以在一定程度上促进社会的均衡化发展、缓解部分社会矛盾，也为善因营销的持续发展演化注入了源源不断的推动力量[81-82,13]。

综上所述，善因营销是随着社会的不断发展、企业的不断壮大、慈善机构的不断增加以及消费者社会责任意识的不断提升的推动而诞生、发展，并进入快速发展阶段。因此，关于善因营销研究方面的文献数量也在逐年增加，研究内容也在不断地丰富。

本书基于上述文献脉络梳理以及研究主题的分析，结合对于善因营销这一领域文献深入阅读后的理解，提出善因营销研究的理论框架之一，框架具体内容如图 2-2

所示。

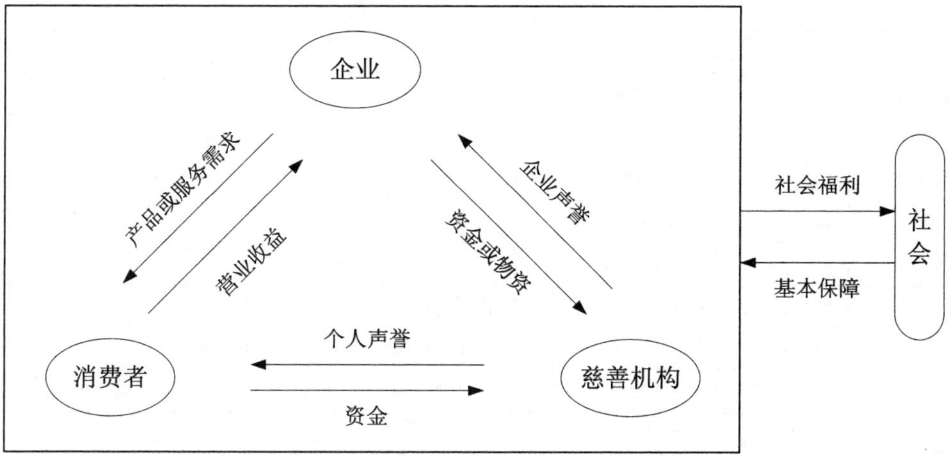

图 2-2 善因营销的理论框架

从图 2-2 中不难发现,这一理论框架由企业、消费者、慈善机构与社会因素四个主体构成,其中前三者构成内部循环网络系统并通过两两交互作用推动善因营销活动的实施,而社会因素则作为外部环境变量来保障善因营销系统的稳定性与持续性。具体而言,在善因营销策略的内部循环系统中,企业满足了消费者的需求(产品和服务)并促进了消费者的社会责任感发展[83-84];消费者满足了企业利润营收的目的,并逐步稳定提升企业的社会责任感;企业为公益组织提供了所需的资金与物资需求,并从公益组织获取了自身所需的声誉(品牌效应与曝光度)[85-86];公益组织从消费者购买的产品和服务中获取了一定数目的资金或物资,消费者则从公益组织获取了一定的声誉和社会责任感回馈[87,57]。但是张安然(2020)的研究发现,在不同的社会环境下可能会出现不同的现象,当经济制度发展处于不同的层次时,企业、消费者和慈善机构之间的善因营销网络可能会表现出差异化的特征[88,2]。

2.1.4 善因营销研究文献的 Citespace 分析

(1) 善因营销论文发表篇数的时间演变历程(2000 年—2021 年)

为了从宏观上了解善因营销相关研究成果的整体现状,本书使用文献计量的方法,通过 CiteSpace 5.8 R1 对从 Web of Science 数据库中检索到的文献进行统计和可视化分析。具体检索规则如表 2-2 所示。

表 2-2　检索流程和规则

要点	详　　情
检索时间	2021 年 8 月 21 日
数据来源	Web of Science 核心数据集——SCI 和 SSCI 数据库
检索主题	以“Topic”为字段标识符，共检索 3 组关键词
	(1) “cause-related marketing”
	(2) “cause marketing”
时间跨度	(3) “non-profit marketing”　　2000 年 1 月—2021 年 8 月
筛选依据	(1) 检索学科限定于营销相关方向，剔除环境科学、食品科学等无关学科
	(2) 文献类型限定于论文、综述论文、在线发表，剔除社论材料、会议摘要等
	(3) 研究方向限定于商学、传播学、社会科学，剔除了环境科学，农业等无关研究方向
	(4) CiteSpace 除重功能
检索结果	WOS 检索出 386 篇文献，包含 5113 条引文，CiteSpace 除重后共计 377 篇有效文献

图 2-3 展示了 2000 年至 2021 年研究论文的数量变化。论文发表整体呈现增长趋势，偶有波动。从 2005 年以来，增长明显，期间呈现出两个转折点：2014 年和 2017 年研究论文数量大幅减少，分别为 15 篇和 14 篇。从 2017 年开始对该领域的研究开始重新增长。在 2017 年至 2020 年间，共有 128 篇(33％)出版物。发表的这种上升趋势可能是全球善因营销使用量增加的结果[89]。

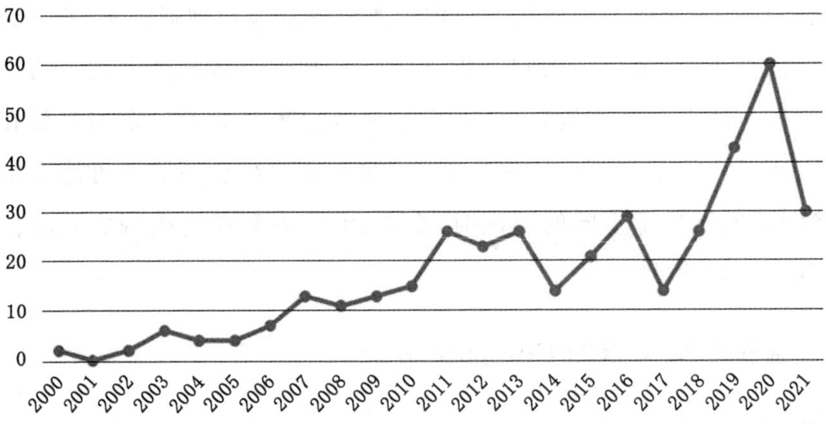

图 2-3　文献出版时间

(2) 善因营销的研究国家分布图谱

对于善因营销开展研究的国家分布情况如图 2-4 所示。

从图 2-4 中不难发现，对于善因营销开展研究有 40％(155 篇)左右的论文是在美国进行，其次是英格兰(35 篇，占总数的 9.0％)和印度(34 篇，占总数的 8.7％)。由此可

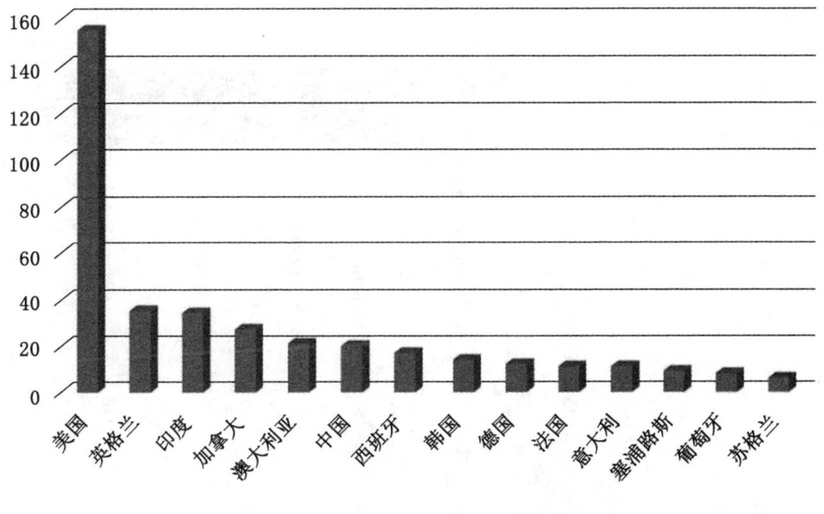

图 2-4 文献出版国家/地区

见，大多数关于善因营销的研究依然在西方国家较多。

为进一步展示各个国家/地区间对于善因营销展开合作研究的情况，专门制作了善因营销国家/地区间的合作研究图谱，详细情况如图 2-5 所示。

从图 2-5 中不难发现，美国学者、英国和加拿大等国家的学者与全球其他国家/地区的学者开展合作的概率（意愿）更高，我国在善因营销研究方面还有很大的上升空间，亟需学者们加入对这个领域开展深入研究。

（3）研究热点

接下来，本书将通过关键词时间线图进一步分析研究热点。使用 CiteSpace 软件进行的文献中心度分析，中介中心性超过 0.1 的节点被称为关键节点[205]。

其中，Barone 等人在 2007 年发表于 Journal of Retailing 的文章 Consumer response to retailer use of cause-related marketing：Is more fit better？是被引用频次最高的文献。该文主要研究企业与善因事业匹配度对消费者态度的影响。另外两篇中心度接近 0.1 的文献分别来自 Robinson 和 Samu 等人的文章。Robinson 等人的文章关注提升善因营销效果的策略，Samu 和 Wyner 的研究从感知理论切入，调查了善因营销中适合性和主导性对消费者态度带来的影响。Nan 和 Heo（2007）在 Journal of Advertising 中发表的论文 Consumer responses to corporate social responsibility (CSR) initiatives-Examining the role of brand-cause fit in cause-related marketing 中心性为 0.7，其他几篇文献中心度不超过 0.06，说明该节点在网络中的重要性越来越低。通过上述分析之后，得到善因营销的高引用率文献 TOP10 的结果，详细情况如表 2-3 所示。

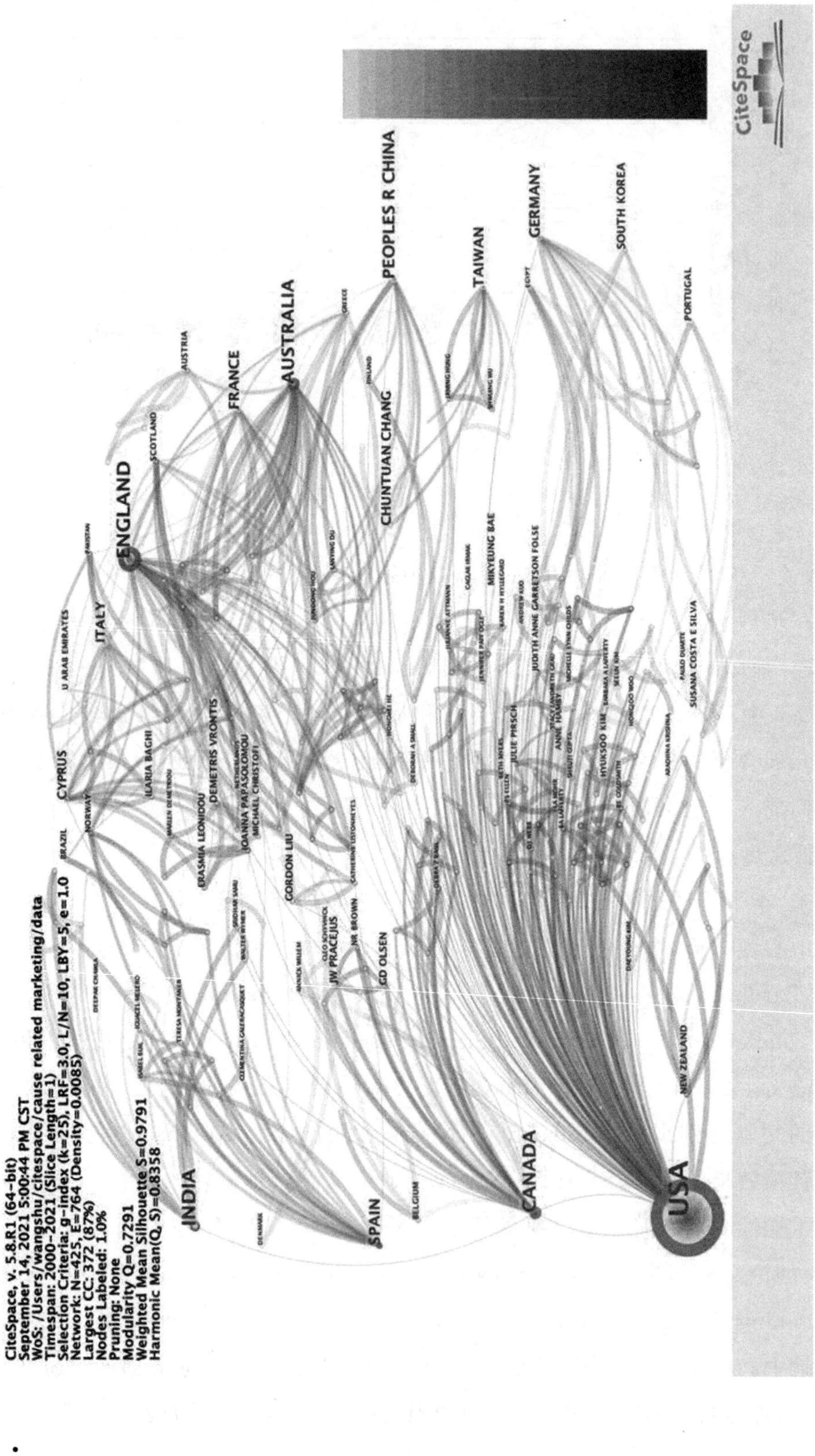

图2-5　国家/地区间的合作研究图谱

表 2-3 善因营销中高引用率文献 TOP10

引用数	中心度	作者	年份	期刊	文献标题
22	0.24	Barone 等	2007	Journal of Retailing	Consumer response to retailer use of cause-related marketing: Is more fit better?
21	0.19	Robinson 等	2012	Journal of Marketing	Choice of cause in cause-related marketing
21	0.12	Lafferty 等	2016	Psychology & Marketing	An evolutionary process model of cause-related marketing and systematic review of the empirical literature
19	0.07	Nan 和 Heo	2007	Journal of Advertising	Consumer responses to corporate social responsibility(CSR) initiatives-Examining the role of brand-cause fit in cause-related marketing
18	0.05	Koschate-Fischer 等	2012	Journal of Marketing Research	Willingness to pay for cause-related marketing: the impact of donation amount and moderating effects
16	0.05	Andrews 等	2014	Journal of Marketing	Cause marketing effectiveness and the moderating role of price discounts
15	0.04	Samu 和 Wymer	2009	Journal of Business Research	The effect of fit and dominance in cause marketing communications
15	0.04	Kuo 和 Rice	2015	Journal of Consumer Psychology	The impact of perceptual congruence on the effectiveness of cause-related marketing campaigns
15	0.04	Grau 和 Folse	2007	Journal of Advertising	Cause-related marketing(CRM)—The influence of donation proximity and message-framing cues on the less-involved consumer
14	0.04	Chang 和 Cheng	2015	Journal of Business Ethics	Tugging on Heartstrings: Shopping Orientation, Mindset, and Consumer Responses to Cause-Related Marketing

关键词时间线图可以展示该领域的研究热点。图 2-6 中节点大小代表关键词共现强度(Chen,2006)。除了善因营销(cause-related marketing)本身以外,企业社会责任是被提到最多的关键词(数量 141,中心度 0.12)。其他关键词,如"影响(impact)""契合度(fit)""响应(response)""品牌(brand)""行为(behavior)""捐赠(donation)"等也有很高的出现频率。

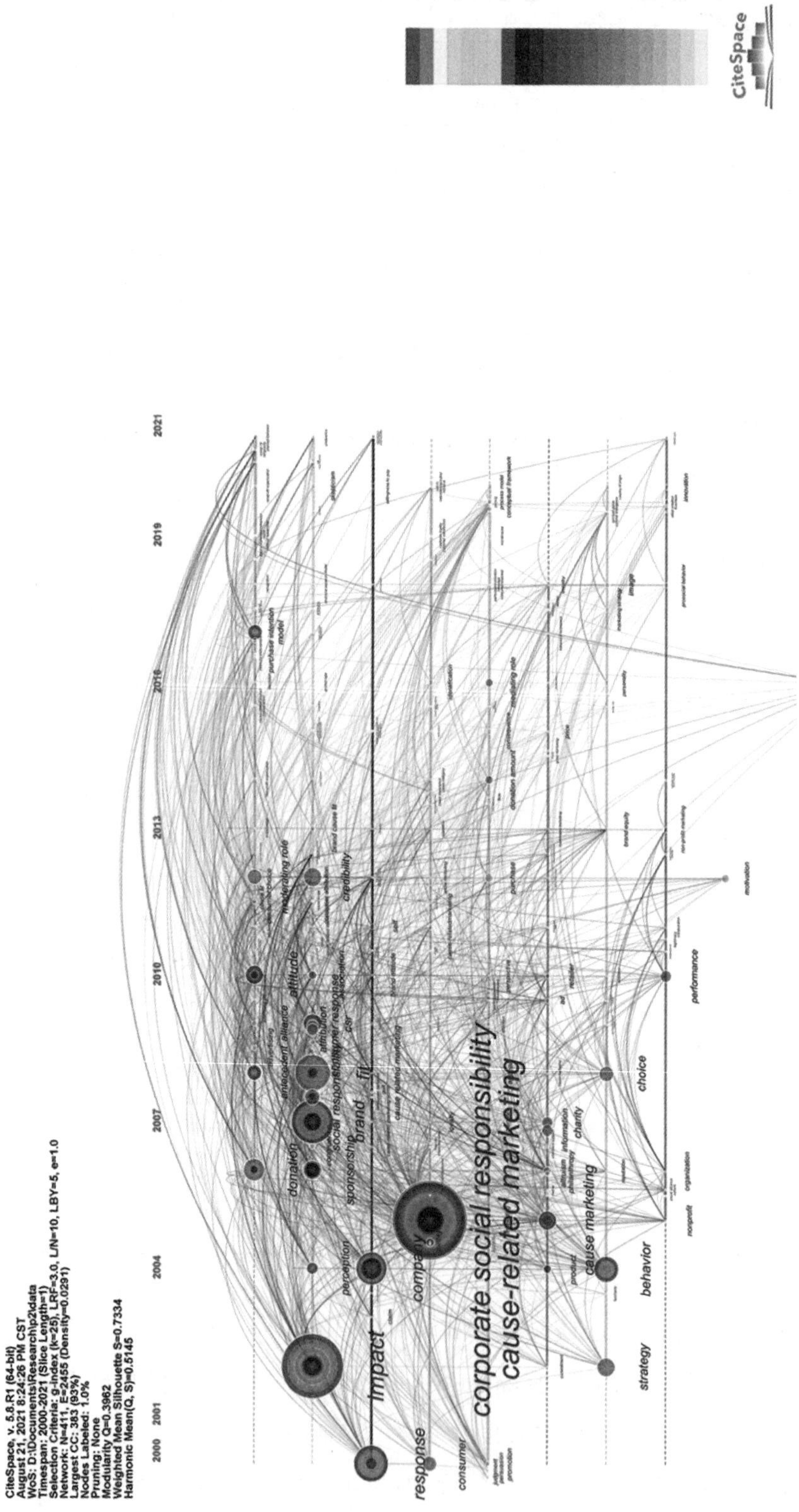
CiteSpace
corporate social responsibility
cause-related marketing
impact
company
response
consumer
perception
sponsorship
brand
fit
donation
attitude
cause marketing
behavior
strategy
choice
performance
nonprofit
organization

图2-6 关键词时间线图

关键词时区图可以更直观地展示该领域的热点话题及发展脉络。图 2-7 呈现了总频次大于 25 的关键词,共计出现了 293 个节点,节点间连线数为 2030。关于响应(response)是该阶段最早出现的研究热点,关于善因营销影响(impact)和企业社会责任感(corporate social responsibility)的研究是该领域最受关注的话题。从善因营销研究领域关键词热度变化可以看出,2000 年前后关键词密度较低,2005 年之后新关键词开始密集出现,该领域到达了较高的研究热度。2014 年之后的研究更加关注善因营销策略的实施细节,如说服框架、消费者个性、捐赠金额等对善因营销效果带来的影响,以及善因营销对品牌资产带来的影响等。

结合高频引用文献、关键词时间线图和关键词时区图,可以将善因营销的研究热点归纳为以下四类:

第一类是针对善因营销影响的研究。多数研究证明,善因营销的成功实施会为企业、慈善机构、消费者和社会都带来积极的影响。也有研究关注不恰当实施善因营销带来的危害。

第二类是善因营销的感知及反应。学者们分别从消费者和企业的视角,通过实证方法研究了该问题。

第三类是影响善因营销效果的因素。本书将影响因子按照管理维度分为计划、实施和评估三个维度进行了梳理。

第四类主要关注善因营销领域新出现的研究热点,例如,针对环境及可持续问题的研究。

2.1.5　三种不同视角(企业、消费者及慈善机构)下的善因营销研究综述

善因营销带给企业、消费者、社会的积极影响使得它成为了一种受欢迎且有价值的营销工具。学者们对善因营销的研究主要是从三种不同视角(企业、消费者及慈善机构)下展开的。其中,企业视角的研究主要是探究善因营销对企业绩效的影响,消费者视角的研究主要是探究消费者对善因营销的反应及其影响因素,相对而言,慈善机构视角的研究主要探讨募资方式的转变与多元化应用如何促进善因营销的演化。

(1) 企业视角下的善因营销研究

这一主题下的研究以企业视角为主要切入点,从企业经济动机(利润导向)与社会动机(慈善行为)二者之间程度转变的维度进行探讨。企业最初的市场营销,最主要目的是吸引消费者了解产品并进行消费行为的一个过程。但当消费者的消费行为有限时,企业进行的市场营销并不能达到企业的预期成果(销售利润提升、品牌效应提升等)。

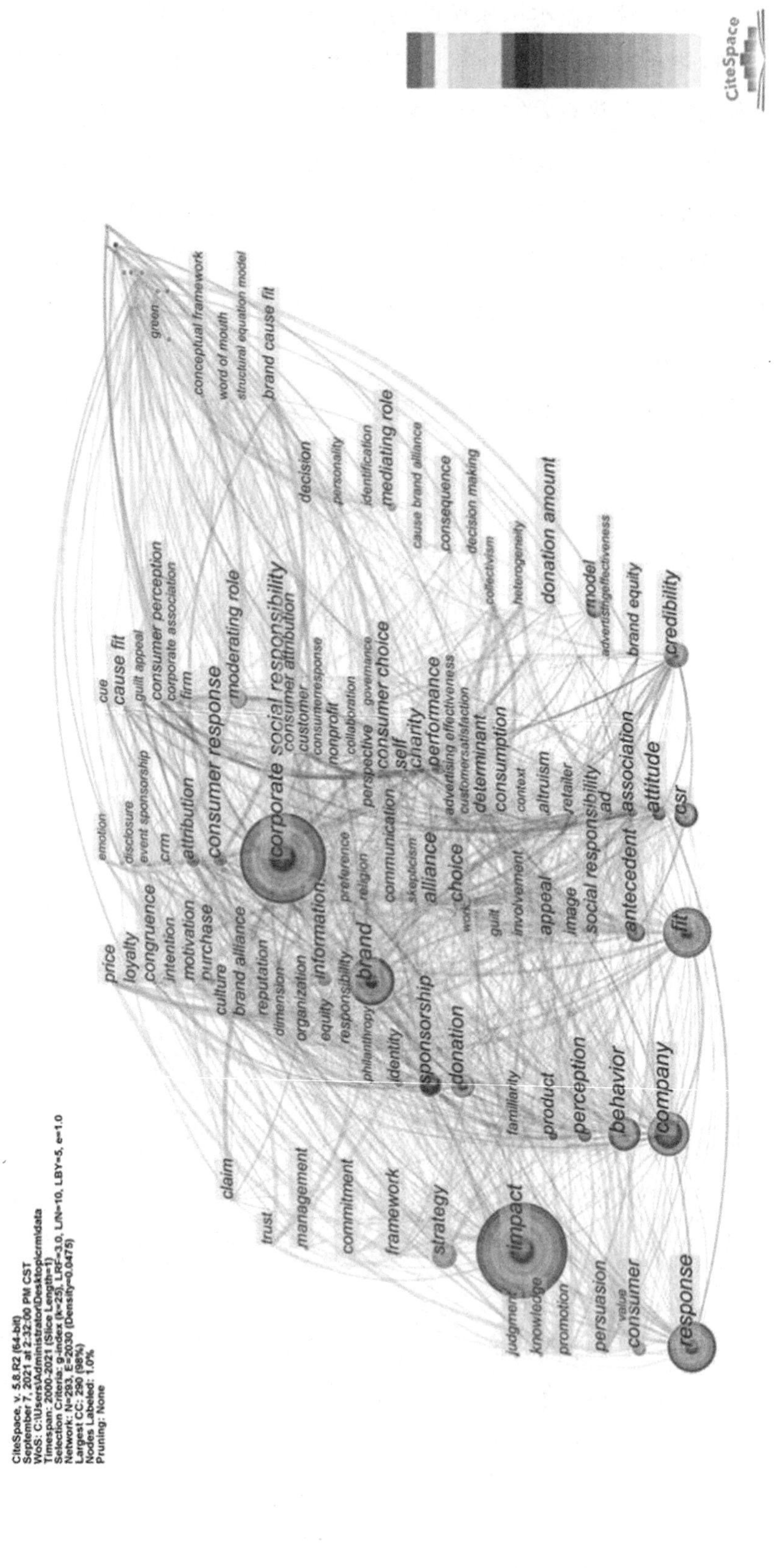
CiteSpace
CiteSpace, v. 5.8.R2 (64-bit)
September 7, 2021 at 2:32:00 PM CST
Timespan: 2000-2021 (Slice Length=1)
Largest CC: 290 (98%)
Nodes Labeled: 1.0%
Pruning: None
response
impact
company
behavior
perception
sponsorship
donation
brand
fit
corporate social responsibility
consumer response
attribution
congruence
alliance
choice
antecedent
attitude
csr
credibility
social responsibility
association
consumer choice
performance
moderating role
consumer perception
cause fit
mediating role
donation amount
decision
brand cause fit
conceptual framework
word of mouth
structural equation model
trust
management
commitment
framework
strategy
claim
persuasion
consumer
promotion
knowledge
price
loyalty
intention
motivation
purchase
culture
brand alliance
reputation
information
product
familiarity
identity
philanthropy
equity
organization
dimension
communication
charity
self
perspective
nonprofit
customer
firm
cue
emotion
disclosure
event sponsorship
crm
image
appeal
involvement
guilt
altruism
retailer
context
determinant
consumption
ad
model
brand equity
heterogeneity
collectivism
consequence
decision making
cause brand alliance
identification
personality
green

图2-7 关键词时区图

但当善因营销这一策略进入公众视野时，越来越多的企业意识到履行社会责任也可以作为一种营销战略，并可以大大提高自身的品牌形象，于是纷纷运用善因营销来改变消费者的态度、感知和行为。但同时也可能带来了负向效应，部分企业在最初应用善因营销时忽略了经济动机的部分，将善因营销完全当作了企业慈善进而导致企业入不敷出，企业形象一落千丈。近年来也有研究开始考虑企业经济动机与社会动机的均衡效应，以期达到企业与公益事业双赢的目的[90]。

对于企业而言，善因营销已经变成一种越来越受欢迎的增加商业价值的策略。司凯等(2017)指出善因营销行为在短期内能显著提升企业股权价值与财务绩效[57]。司凯和周敏(2014)基于策略性慈善捐赠的视角发现，我国上市公司的善因营销与其营利能力在短期内存在互相促进、共同发展的关系[90]。除对企业本身的影响效果研究外，在善因营销中，非政府组织与企业结盟，以及企业与非政府组织间的合作共享价值关系使得善因营销活动也能对非政府组织的声誉及相关因素产生影响[91]。Vivek Aggarwal (2019)采用结构方程建模和层次分析法，评估了印度初创企业和小规模公司开展 CRM 活动的重要性，研究表明 CRM 不仅适用于大型企业，对于初创企业长期可持续发展具有重大影响意义[92]。还有学者通过对研究较少的市场进行访谈分析得出，消费者的怀疑态度和参与程度会影响其对善因营销的整体态度，管理者应通过告知、披露资金去向以降低消费者的怀疑，增强其对具有社会意识的品牌的信任，从而选择最佳的合作伙伴开展善因营销。

(2) 消费者视角下的善因营销研究

卢宏亮(2020)研究指出，消费者在参与善因营销的过程中发生了一定程度的态度转变，尤其归因于其社会责任意识的不断增长与经济基础的不断积累，消费者对于提升自身社会地位与社会贡献的需求愈渐强烈[93]。在社会经济发展的初期，人们的消费大多基于对价格的考虑，而对于企业社会动机并不敏感；在经济发展中期，随着生活水平的提升，消费者的社会责任意识开始萌芽，对于企业在公益方面贡献的关注越来越高，企业善因营销的社会动机能够极大地刺激消费者的购买意愿，此时消费者会更加关注企业的社会动机并促进企业善因营销的发展；在经济发展稳定期，消费者的社会责任意识更加强烈，对于企业的善因营销也有了更高的要求，其中包括企业善因营销社会动机部分的具体去向和比例，此时企业就需要均衡善因营销中经济动机与社会动机的权重。特别地，消费者的个人特征差异也会在不同程度上影响其对于善因营销活动的态度，这些特征主要包括性别、学历、专业以及收入状况等。

消费者对善因营销活动的响应影响着善因活动的成败，所以这一课题也逐渐得到越来越多的学者关注与研究。多数研究集中在消费者对善因营销的态度，讨论消费者对善因营销活动及开展善因营销活动企业的喜爱程度以及行为倾向。目前，学者们较为认可的品牌态度模型是认知、情感与行为的三要素模型。在这个模型中，认知是指消费者对参与善因营销的企业的动机感知以及认可度；情感是指消费者在这一活动后形成的对企业以及产品的喜爱程度；行为主要表示消费者对企业活动或产品的购买意愿或口碑传播等行为表现。

① 善因营销对消费者认知态度的影响

很多研究表明，消费者对善因营销的利己以及利他的双赢目标是有社会认知的，大多数受访者认为这种通过消费者购买产品间接帮助慈善组织的行为是非常好的营销模式。在采访中，消费者表示虽然企业在实施善因营销过程中很大部分是出于利己的功利性目的，但是与传统的完全利己的营销策略相比，部分的利他动机也是值得称赞的。Webb 等(1998)研究表明多数消费者对参与善因营销活动的企业表现出了忠诚意愿，他们表示不仅仅会进行一次性的购买，更是愿意为开展善因营销活动的企业支付溢价、转换品牌、进行口碑传播等[94]。江若尘等(2017)探讨了善因营销的捐赠水平、道德提升感对消费者态度的影响[41]。研究发现，善因营销的捐赠水平对消费者态度有显著的正向影响，且道德提升感在捐赠水平与消费者态度之间起中介作用。林少龙等(2020)实证检验了消费者认同如何促进善因营销成功的模式，研究发现，品牌和善因认同不但直接而且间接经由利他动机知觉正向影响善因营销产品购买意图[3]。Gabriele Santoro 等(2019)将意大利和日本消费者进行了对比调查，评估了 CRM 与消费者品牌忠诚度之间的关系，以及这种关系是否受到消费者对企业社会行为感知的调节[95]。研究结果表明，无论来自哪个国家，消费者对 CRM 的感知与其品牌忠诚度感知之间都存在正向关系，另外 CRM 和消费者对企业社会行为的感知并不影响消费者品牌忠诚度。

② 善因营销对消费者情感的影响

大部分学者在研究情感态度时，通常是与行为意愿同时进行。多数研究表明，善因营销往往会让消费者对企业有积极反馈，而这种积极情感会相应地转化为购买行为。Kim 等(2005)学者们大多从消费者的购买倾向、支付溢价、品牌转换、口碑传播等维度来研究消费者的行为意愿[96]。HONG KAY TZE1 等(2017)研究了五个变量(态度、企业社会责任形象、公司事业匹配、教育水平和个人收入)对实施 CRM 前后消费者惠顾大型超市行为变化的影响[97]。结果表明，CRM 实施能够产生两种结果：客户的惠顾行为和客户的转换行为。此外，态度、企业社会责任形象和个人收入等因素对不同大型超市的顾客行为增量有不同的显著影响。Yang H T 等(2018)从认知和情感的角度探讨中国集体主义文化中消费者相互依存的自我构念，以及同理心和道德认同，是否会对企业善因营销（CRM）产生直接和间接的反应[33]。实证结果表明，消费者自我构念通过共情对企业CRM的反应产生积极影响。CRM事件会激发消费者的移情反应，触发他们的道德认同，这反过来影响了他们对CRM公司的评价以及他们对CRM产品的购买意愿。Strizhakova等（2019）检验了企业（国内企业与跨国公司）、善因（国内与全球）和消费者文化认同的空间接近效应[81]。当公司从事CRM并关注环境因素时，民族主义消费者对国内企业更为有利；当企业不从事CRM时，民族主义较强的消费者对国内企业更有利，而民族主义较弱的消费者对外国跨国公司更有利。研究结果强调了考虑特定国家的社会历史政治背景和地方导向的民族主义信仰的重要性。Jacqueline等（2019）通过实验表明对于以笔记本为代表的特色商品而言，实施善因营销并不会对千禧一代的消费者态度于购买意愿产生显著影响[98]。张安然等（2020）通过情境模拟实验，探究了善因营销捐赠额度和广告导向对消费者反应的影响及其作用路径。结果表明，捐赠额度和广告导向对消费者感知动机和行为趋向反应的影响不仅主效应显著，交互作用也显著[2]。Susana Costa e Silva等（2020）探讨了CRM如何影响在线环境中消费者反应及购买意愿。结果表明，品牌契合度对消费者信任和在线购买意愿有积极影响[99]。

善因营销活动本身的特征也会影响到营销效果，目前学术界主要研究了善因营销捐赠额度、捐赠水平、捐赠持久度、捐赠频率、捐款形式、善因事件、活动开展方式、所选慈善组织的能力等对善因营销效果的影响。Dahl和Lavack（1995）研究发现相比捐赠额度大的情况而言，捐赠额度小时消费者可能会认为非营利组织受到了剥削[100]。Laroche等（2001）通过研究发现小额度捐赠可能会给企业带来负面的影响，捐赠额度越高越好[101]。Chang（2015）认为捐赠量一定时，对于低价产品来讲，绝对数量捐赠较之比例捐赠更有效；对于高价格产品来讲，比例捐赠比绝对数量捐赠更有效[63]。江若尘和郑玲（2017）研究了企业活动捐赠额度对消费者态度的影响，发现企业的高额捐赠会强化消费者对于企业营销活动中利他动机的感知，因而增强对企业的好感度。也就是说，当数量一定时捐赠产品价值越高效果越好，当产品价值一定时，捐赠数量越多越好[41]。Bergkvist和Zhou（2018）在营销说服综述中表明了具体的捐赠金额能够促进消费者对于品牌的正面评价[102]。张安然等（2020）通过情境模拟实验发现当捐赠额度较小时，相比于采用公益事件导向，采用企业产品导向引起的消费者感知企业动机更正面、行为趋向反应更积极，而当捐赠额度较大时则相反[2]。综上所述，捐赠额度与捐赠效果之间存在正相关关系。

③ 善因营销对消费者行为意愿的影响

Drumwright(1996)认为善因营销活动的时间跨度越长,那么其善因广告效果越好[103]。一般认为至少3-5年才能算作长期的善因营销。朱琳琳(2015)的研究表明不同善因营销活动频率会对企业的努力/实力感知产生影响,具体而言,企业捐赠额度低但捐赠频率频繁时,消费者会感知到企业参与善因事件的努力和真诚;而当企业捐赠频率较低但捐赠额度巨大时,会使消费者对企业的实力和能力充满信心[104]。

善因营销的捐款形式不同,其效果也会有一定差异。司凯(2017)基于心理意向理论和记忆网络模型探究了捐款形式(清晰和模糊)对消费者响应的影响,研究发现相比于模糊形式的捐款形式,清晰的捐款形式更能够促进消费者的正向响应,并且感知诚意其中起部分中介作用[57]。程春(2021)的研究发现产品-慈善事件契合度有利于形成消费者对善因营销事件积极的消费态度,并提出两条路径:以温暖光辉为核心的积极路径和以怀疑为核心的消极路径[58]。

此外,善因事件会影响人们对善因活动参与的意愿。朱翊敏认为由于突发的灾难性事件更能够让人们产生共鸣和同情,因而与常规性活动事件相比,灾难性事件中消费者对企业捐赠行为的态度更积极,消费者参与活动的意愿也更高。毕楠提出善因营销事件的主题也会影响善因活动效果,相比于关注于环境变化或动物生存的活动主题,当主题内容是与人类健康或生活紧密联系的相关问题时,消费者对善因企业开展的善因营销活动评价更高。Hou等(2008)指出善因营销事件的重要性会影响消费者对活动产品的购买意愿,当消费者感知到善因事件重要性越强,消费者参与活动的可能性越高,购买意愿越强[105]。善因事件越重要,善因营销效果越好。

企业善因营销活动中的广告沟通方式也会影响营销效果。曹忠鹏等(2012)研究了营销沟通中企业宣传侧重点对营销效果的影响发现当企业将宣传重点放在善因活动本身上,消费者活动热情会大大提高[130]。如果企业在宣传过程中重点介绍自己的企业和推销的产品,消费者就很难对这种宣传广告产生好感,也不会热衷于参与这类活动。朱翊敏(2014)发现当广告的宣传图片以企业或产品信息为主时,消费者态度表现平淡,而当善因营销活动宣传广告中的图片以突出慈善活动为主时,消费者对广告态度发生较大转变,参与活动的意愿明显增强[106]。樊帅与田志龙(2017)研究发现,企业CSR活动与消费者接收到的CSR信息之间的不一致性会导致消费者伪善感知的产生,进而影响其对企业的评价[107]。张晓吉(2018)通过探究罪恶感诉求对善因营销广告效果的影响,发现相对适当的罪恶感情绪诉求有利于提高消费者参与活动的积极性[108]。白琳与王佩(2019)认为品牌的性别气质差异以及广告中温暖诉求的使用会对善因营销的广告效果产生显著影响[109]。

最后，当消费者感知到慈善组织知名度较高，熟悉度较高时，就会加强支持的力度。Lafferty 等(2016)的研究也表明，当参与善因营销活动中的非营利组织为消费者所熟知时，消费者响应的程度将会大大提高[110]。慈善组织的信誉、实力以及组织管控能力也影响着善因营销效果，白琳与王佩(2019)认为企业本身的信誉和实力也会影响善因营销活动效果，企业的信誉越好实力越强，其实施善因营销活动的效果会更好[109]。张艳艳(2021)在对中国慈善组织分析发现，由于信息公示系统未建立、自律机制不健全、监管缺位等多种原因，企业善因营销活动的开展将会受到巨大阻碍[111]。Fan 等(2020)认为当品牌熟悉度高、产品实用性强、捐赠金额较大时，善因营销会更有效[112]。

(3) 慈善机构视角下的善因营销研究

从慈善机构的角度来看，募资方式的转变与多元化应用促进了善因营销的演化。杨先顺(2020)指出早期的慈善机构只能接受来自社会和企业的捐赠进行慈善活动，在捐赠形式和金额上具有一定程度上的限制[149]。白琳(2019)表示当善因营销理论出现后，公益组织可以由多种方式获得资金，如联名、冠名、合作等方式从消费者购买产品或服务中获取一定数目的资金[48]。善因营销能为善因机构提供支持，善因机构也可以由此拓展其融资通道。Strahilevitz & Myers(1998)研究认为实施善因营销将拓宽慈善机构获得新的筹资途径，进而有利于增加其财务资源，并且能够提高善因机构的公众度[113]。Wagner 和 Thompson(1994)还认为善因机构与企业合作的过程有助于善因机构提高其管理水平[114]。

善因营销对慈善机构带来的有利影响主要体现在三点。首先，成功的善因营销可以为慈善机构获得新的筹资途径，从而有利于增加其财务资源[8]。其次，从长期来看，善因营销可以提高慈善机构的公众度，吸引更多的参与者[115]。最后，Wagner 和 Thompson(1994)还认为慈善机构与企业组成善因营销联盟还有助于慈善机构提高其管理水平[114]。Peng & Hu(2009)则提出慈善机构同时也被认为是易受到善因营销负面影响的主体[49]。慈善机构受到善因营销的负面影响主要表现在以下几个方面：第一，慈善机构的资源本来就相对较少，而组建善因营销联盟需要花费大量的资源和时间，从而造成对慈善机构各种资源上的浪费。第二，组建公司与非营利组织的善因联盟可能会限制非营利组织的活动，从而使慈善机构的使命和任务受到影响。另外，善因营销联盟还可能会导致慈善机构对企业过分依赖，从而丧失了慈善机构的相对独立性。第三，如果与慈善机构结盟的善因营销联盟的公众形象比较差，或不当的善因营销方式影响了慈善机构的形象，都可能导致严重破坏慈善机构的声誉的结果。第四，由于很多企业以追求利润回报为善因营销的主要目的，所以可能会放弃企业的传统捐赠，这样就会进一步影响到消费者，使消费者也放弃传统的捐赠，从而导致慈善机构最终所获得的总捐赠量的减少。

2.1.6 善因营销中有关契合度的研究综述

随着善因营销成为一种非常流行的展现企业社会责任的策略，有关善因营销的研究实现井喷式增加。Guerreiro 等(2016)通过文本挖掘的技术发现在有关善因营销的研究中，话题讨论最多的就是品牌事件的契合度[116]。Das 等(2016)研究得出：由于善因营销属于品牌联盟的范畴，企业与合作伙伴的契合会影响善因营销的效果[117]。骆紫薇和吕林祥(2019)提出契合度的本质是相似的，善因营销的契合度，就是指善因营销对象要素(企业、公益事件、消费者)之间的相似性，也是善因营销效果的重要影响因素[159]。

关于契合度的影响，已有研究主要基于善因营销三要素(企业、公益事件、消费者)之间的相似性考察善因营销的效果。善因营销的三要素概念由 Gupta 和 Pirsch(2006)首次提出，考察了企业、事件和消费者之间的关系，以及这三个主体之间的契合程度如何影响消费者的反应[118]。说明在制定一个善因营销计划时，营销经理应选择一个对消费者有意义的事件作为联盟的合作伙伴，使其对企业/品牌建立一种积极的感觉，并将任何与事件相关的营销联盟的营销活动都对准目标消费群[119]。

(1) 企业-公益事件契合度对消费者的影响研究

曹忠鹏等(2012)通过对企业/品牌-消费者、企业/品牌-事件，消费者-慈善事件三类契合的相对重要性的比较，得出企业/品牌-事件的契合度对消费者的态度和行为影响最大，应当作为善因营销的重点。学术界对善因营销中企业/品牌-事件契合度的分类存在各种不同的观点。例如，Gwinner(1997)依据企业和公益事件的匹配方式将契合类型分为形象契合和功能契合，此后朱翊敏(2014)、孙晓佳(2021)以该分类为基础展开研究[106,120]；Berger 等(2006)按照契合方式将契合度分为资源契合、市场契合、产品契合、文化契合、战略目标契合和使命契合等几类[121]；Kuo 和 Rice(2015)从感知契合的形式出发将契合度分为知觉契合、概念契合，并表明知觉契合通过一种顺应性机制影响善因营销的有效性[248]；王钰灵(2020)则基于相似性双重加工模型中的分类相似和主题相似，将契合度划分为分类契合和主题契合[122]。

一方面，已有研究认为契合度会影响消费者对善因营销的态度，且认为有契合比无契合能带来更好的消费者响应[117,119,248]。当企业/品牌与善因事件相一致时，消费者通过感知其协同性，进而判断其可信程度和合理性。此外，Elving(2013)认为高契合度的善因营销通过感知一致性将其中一方的好感和忠诚度转移到另外一方，达到共赢的目的[123]。另一方面，随着研究的推进，关于契合度是否越高越好，学者存在争议[124]。实践发现许多契合度低的善因广告一样取得了巨大的成功[125]，如“农夫山泉每销售一瓶天然水，提取一分钱捐献给奥委会”等。甚至有研究表明低契合度的善因广告比高契合度的善因广告更能吸引消费者[126-129]；此外，高契合度的善因广告也呈现了许多弊端，高契合度的善因广告由于过高的重合性，使得可能存在造假等行为，高契合度的善因营销会带来消费者感知伪善效应[130,159]。

(2) 企业/品牌-消费者契合度对消费者的影响研究

Sirgy(1982)认为企业/品牌-消费者契合度是指消费者自我形象与企业品牌形象的相似性。当企业品牌形象(如雷克萨斯的稳重与成功)符合消费者自我形象时，消费者会形成正面的自我一致性，并对品牌产生积极的响应，以保持其满意的自尊水平[131]。司凯和周敏(2014)提出消费者-慈善事件契合度是指消费者自我形象与慈善事业形象的一致性、匹配度。研究认为消费者会将自己与慈善事业联系在一起，当消费者自我形象与慈善事业形象契合度较高时，其态度也将更为正面[90]。

(3) 善因营销广告对消费者行为的影响

学者们从多个角度研究善因营销广告，如广告类型、广告目标框架、广告文字的信息框架及广告图片的呈现形式等对消费反应和善因营销活动有效性的影响。孙路平和王兴元(2016)采用实验，验证了广告诉求目标框架的具体化程度对于消费者的购买意愿以及消费者感知企业利他动机影响的效应显著[84]。朱翊敏(2014)重点关注善因营销广告中信息陈述方式和陈述顺序，发现信息陈述方式会影响消费者响应，采用积极的框架组织信息，消费者响应会更为积极[59]。其次，信息陈述顺序会影响消费者响应，将慈善事业信息放在产品信息后面时，消费者响应会更为积极。Lafferty 和 Edmondson(2014)的研究比较了两个善因营销活动的广告，一个将事业作为主要视觉元素，另一个将品牌作为视觉元素，结果表明品牌照片对消费者购买意向的影响比慈善事业照片的影响更大[132]。同样的，Chang 和 Cheng(2015)比较了善因营销的三种视觉类型广告(以产品为导向的 VS. 以受益人的脸为焦点的 VS. 以社会事业为焦点的)的效果，发现产品导向广告比事业导向广告更能吸引眼球；同时还指出，不管视觉类型如何，女性处理广告的速度都比男性快；公益广告应该用来推广享乐主义产品，而产品广告更适合于实用主义产品[63]。白琳和陈绘雯(2019)的研究则表明，产品类型对善因营销广告效果影响的区分不明显[109]。张安然等(2020)基于平衡理论和归因理论，通过两个情境模拟实验，探究了善因营销捐赠额度和广告导向对消费者反应的影响及其作用路径[2]。研究指出:捐赠额度和广告导向对消费者感知动机和行为趋向反应的影响不仅主效应显著,交互作用也显著。当捐赠额度较小时,采用企业产品导向比采用公益事件导向引起的消费者感知企业动机更正面、行为趋向反应更积极;当捐赠额度较大时则相反。

(4) 捐赠形式与规模对消费者行为的影响

善因营销的捐赠规模一直受到国内外学者的研究和关注,Moosmayer 和 Fuljahn (2010)研究表明,捐赠规模对消费者对善因营销活动的好感度以及消费者对非营利组织利益的感知有着重要影响[133]。消费者会认为捐赠额度代表着企业对公益事件的重视程度及企业在善因营销活动中诚意的多少。江若尘和郑玲(2017)通过两个实验,发现善因营销的捐赠水平对消费者态度有显著的正向影响[41]。朱翊敏(2014)同样发现捐赠额度越高,消费者响应越积极;并指出相对于实用型产品,享乐型产品对消费者响应的影响更为显著[106]。然而,Chang(2008)指出捐款数额也有限制,如果产品价格随捐赠金额的增加而增加,消费者选择善因产品的可能性降低[134]。Chaabane 和 Parguel (2016)指出,当善因营销涉及大量捐赠时,可能会引发消费者的怀疑。如果零售商真心诚意地支持一项公益事业,善因营销活动最好是小额或中型捐赠,而不是大额捐赠,以免引起怀疑[135]。

关于捐款形式的描述,司凯(2014)的研究表明,在善因营销中,企业捐款形式如果采用清晰表达形式时,消费者品牌态度和购买意愿显著大于采用模糊形式宣传[90]。Vlachos 等(2016)将善因营销捐赠框架分为三类(即实物、具体货币和模糊货币),发现实物捐赠方式最能减少消费者对企业自我中心动机的因果归因[136]。使用利润的百分比作为捐赠金额,会让消费者在选择与公益相关的产品时感到困惑。同样的,Kleber 等(2016)对比了捐赠金额的表述方式,指出营销经理的首选应该是以绝对数量来呈现捐赠,而非百分比形式[137]。

(5) 消费者怀疑对消费者行为的影响

消费者往往对善因营销持怀疑态度,质疑慈善机构和赞助商从善因营销中获益最多。Kim and Lee(2009)发现,尽管善因营销已经成为一种越来越受欢迎的营销工具,但部分消费者对这种策略持怀疑态度,消费者的怀疑态度可能会降低广告宣传的接受度[138]。相较于含糊地描述捐赠金额,以客观准确的方式陈述时,受试者更有可能相信善因营销的广告。Chang 和 Cheng(2015)分析了消费者对善因广告的怀疑心理,他们发现,享乐主义的购物取向和集体主义的心态减少了消费者对广告的怀疑;实用主义和个人主义心态可能会促进消费者对广告的怀疑;对广告的怀疑态度与消费者购买意愿呈负相关[63]。江若尘和郑玲(2017)研究发现,当企业的慈善活动捐赠水平过低时,消费者可能会产生怀疑、愤怒等消极的情绪与购买行为[41]。Lilley and Slonim 认为减少消费者怀疑的另一种解决方案是提供非货币捐赠,因为与货币捐赠相比,非货币捐赠能带来更大的温暖[139]。也有学者研究消费者怀疑的根本原因。骆紫薇等(2017)指出,近年来,消费者对企业慈善行为动机的质疑呈上升趋势,背后原因在于企业的管理者没有意识到不同的利益相关者对企业的社会责任履行有着不同的诉求[159]。错误地匹配企业社会责任与利益相关者,结果是不但无法提升企业品牌形象,反而会引起消费者怀疑,招致"伪善"的罪名。

2.1.7 总体文献述评

善因营销是理论和实践中很重要的一个热点话题,目前的研究成果也比较丰富,尤其是国外优秀研究成果更为众多。纵观国内外学者的研究,研究成果涵盖了善因营销的模式、策略、效果、对各方的影响以及影响善因营销效果的因素。已有研究成果具有深远的理论和实践意义,值得学习和参考。但是随着技术的发展和环境的变化,善因营销领域也有新的问题和研究方向出现,既有研究还存在可以深入挖掘的可能。

首先,善因营销现象受到特定地理区域、不同文化和传统因素的显著影响,不可能将所有国家的研究结果一概而论,这表明善因营销还有广泛的研究余地;迄今为止,国外学者的大多数研究都是在美国和英国等发达国家进行的。因此,国内的研究可以结合我国独特的消费文化背景、企业文化等开展。对研究人员来说,识别不同环境下影响善因营销的各种因素是一个挑战。

其次,善因营销活动存在许多利益相关者,此前关于善因营销的研究主要基于消费者视角,善因营销领域的未来研究可以从其他利益相关者的角度进行。例如,Catherine 等(2013)指出可以进一步探讨非营利组织的视角,他们的特点和重要性还没有被广泛地研究[140]。此外,在过去的几年里,有许多新的理论被用于解释善因营销活动,并得到了学术界的重视。学术研究人员和营销人员可以利用这些理论来更好地理解善因营销领域,并识别影响善因营销活动的变量,以设计有效的策略。

最后,从查阅到的文献来看,目前对善因营销实施后产生的效果进行评估的研究比较匮乏。这是一个需要研究的重要领域,因为它有助于评估善因营销目标是否达到,并提出进一步改进的机会。未来的研究还可以同时考虑多个因素对善因营销的影响。

总体而言,本章介绍了善因营销的内涵、起源和发展,对善因营销相关的核心概念进行了界定,梳理了与本书的研究密切相关的理论与模型,并对善因营销组态因素对营销效果影响的相关研究进行了国内外文献回顾、梳理和述评。本章的工作为接下来的理论研究奠定了扎实的文献基础。

2.2 理论基础

2.2.1 扎根理论

在 1967 年,Glaser 和 Strauss 率先提出了扎根理论,主要目的是回应当时非常流行的研究方法——实证主义,是对"宏理论"(grand-theory)发起的一次挑战。Glaser 和 Strauss(1967)认为,新提出的理论可以是对于真实日常生活的仔细观察以及被观察者自己对该事件的认识和理解,也就是说研究对象认为是"解释性真实"(interpretive realities)。Glaser 和 Strauss 的理论是对完全相对主义(complete relativism)和极端实证主义(extreme empiricism)的折中,通过提出整套系统的数据收集方法来进行建构理论,而且还突出"理论取样"(theoretical sampling)和"持续比较"(constant comparison)的重要性。扎根理论的观点是认为数据收集与理论形成互动的,是"收集数据-形成理论-再收集数据-完善理论"循环往复的过程。理论中的"持续比较"意思是对于数据的收集和分析采取同步进行的方法,进而不断凝练和完善。从扎根理论的由来和理论机制看出,该理论不适合研究客观真实是什么样的,而更适合研究个体如何来解释真实的世界。意思就是,理论已经比较成熟的,已经得到普遍认可的,比较适合使用量化研究来验证,而理论还不太成熟的,更适合采用定性研究,尤其是利用扎根理论这一方法的质性研究。

在已有研究中,很多学者利用该理论做了系列研究。例如,赵思涵等(2021)借助建构扎根理论,以关于好玩的网络游记为基础文本数据,发掘旅游过程中影响好玩体验的过程性因素,并构建了游客好玩评价的过程模型[141]。王美钰等(2021)运用扎根理论构建了民宿创业成功的多维整合模型,系统地揭示了民宿创业成功的关键要素与理论逻辑[142]。程慧平等(2021)基于扎根理论的质性研究方法,对社交媒体用户隐私设置意愿影响因素进行分析,构建了社交媒体用户隐私设置意愿作用路径模型[143]。成俊会和李梅(2021)基于扎根理论,通过开放式编码、主轴编码和选择性编码的扎根分析过程,构建了多情境微博用户舆情评论行为的生成机制模型[144]。卢亭宇和庄贵军(2021)采用扎根理论方法探讨了网购这一特殊情境下消费者线下体验行为的内涵、前因和后果,构建了一个网购情境下消费者线下体验行为模型[145]。田馨滦等(2021)采用扎根理论研究方法,利用隐私疲劳这一影响因素,还采用解释结构模型法来分析各因素相互作用的内在联系[146]。吴获等(2021)运用扎根理论从心理学视角解构了旅游舆情的形成机制，剖析了不同舆论场作用下个体心理契约违背与群体心理契约违背对旅游舆情产生的差异性影响，最终获得了旅游舆情的形成与遏制机制[147]。邓慧兰等(2021)聚焦于拼购小程序营销创新，利用扎根理论的研究方法，以证券行业报告中的拼多多小程序作为研究对象，探索了拼购小程序营销维度，并构建出营销创新实现框架模型[148]。此外，也有一些研究者将扎根理论运用到了善因营销相关的研究中。比如，杨先顺和赖菀桃(2020)利用扎根理论针对善因营销的新发展模式——网络善因营销中消费者的伦理感知维度进行了探索性研究，最终在马克思主义伦理学的基础上构建了由自愿(voluntary)、安全(safety)、诚信(integrity)、利他(altruism)4 个维度组成的消费者伦理感知 VSIA 概念模型[149]。张国政等(2021)运用扎根理论，针对扶贫消费心理的问题，对消费扶贫可能的心理归因做了深入的探索；针对扶贫消费可持续发展的问题，试图弄清促进消费扶贫可持续的路径[150]。张国政的研究指出，消费扶贫的心理归因可以分为：内部个人意识和外部社会规范，而价值共创活动的价值感知是消费扶贫的价值归因。

从某种意义上来说，本书利用扎根理论进行善因营销研究时，就要求在选取样本时，需要注意抽取与善因营销相关联的研究问题、与消费者-慈善事件契合度等组态因素研究目的相符的资料。同时，在研究过程中，需要遵循资料驱动、消费者访谈、获取一手数据以及问题导向等原则，由此，本书尽量选择那些在善因营销案例研究中可获得的资料，收集的二手资料主要来自新浪微博(详细情况请见第五章中“驰援河南 7.20 洪灾”相关内容)，出于对收集资料的准确性和效率的考虑，我们收集资料采用的是 Python 爬虫技术。此外，作者还通过与 50 余位企业家、善因营销方面的专家和学者进行一对一深度访谈收集了原始文本资料，并运用扎根理论对原始资料依次进行开放性编码、主轴性编码和选择性编码，最终构建了由消费者-慈善事件契合度、对善因营销活动的卷入度、参与营销活动态度和购买意愿等变量组成的概念模型(详细情况请见第三章相关内容)。

2.2.2　归因理论

归因理论是善因营销中应用最多的理论。Heider(1958)最早提出了这一理论，他分析认为，人的任何行为都是有原因的，而行为原因不外乎两个，一个是客观因素——外界环境，一个是主观因素——自身，归因就是对这两大因素的描述和推测。美国心理学家 Weiner(1980)对于归因理论的研究，认为归因是解释和判断自己或他人行为原因的内在动因理论，他把事件发生的原因分为控制源归因、稳定性归因和可控性归因。

Cui 等(2003)认为该理论为检验消费者对善因营销的归因提供了概念基础,并提供了这些归因对他们善因营销反应的影响[151]。该理论表示,消费者对产品的归因将取决于对行业、品牌和公司的看法。Tsai(2009)指出先前的品牌体验会影响对善因营销活动的评估,并且在积极的动机归因的情况下会产生购买意向[152]。Sujo 等(2020)认为多数研究使用归因理论来了解善因营销对消费者忠诚度的影响,捐赠金额对消费者价格感知和购买意愿的影响。但归因理论建立有一个基本假设,即人们是合乎逻辑的和系统的。使用此理论时,应该将这一限制考虑在内[153]。

Mohr 等(2001)研究发现,当消费者参与善因营销活动时,他们经常将善因营销归因于公司的内部动机(比如支持某项善因事件是为了帮助他人),或者归因于公司的外部动机(比如提高业绩),而不是归因于双重动机[154]。消费者对企业动机的感知能够影响他们对于品牌的评价,利他动机能够积极影响消费者对赞助品牌的反应,然而 Barone 等(2007)指出感知品牌自利动机会有意想不到的害处[155]。Pharr 等(2012)认为,在善因营销活动中,消费者对企业动机不真诚的感知会降低品牌的形象和忠诚度。然而,Youn 等(2018)研究发现,当消费者感知企业为利他动机时,他们将更可能会支持善因事件,从而增加企业的销量[156]。比如,Rifon 等(2004)就提出善因事件与企业之间高的契合度会导致消费者对企业产生利他性归因,进而增强消费者对企业的积极态度[157];Folse 等(2010)观察到,在善因营销中,捐赠数量会积极影响消费者对企业动机的感知,从而会影响到消费者的参与意愿和品牌态度[158]。总之,归因理论认为在善因营销活动中,消费者会对企业的相关行为和动机进行归因。如果消费者感知企业为利他动机,善因营销会对消费者态度产生积极的影响;相反,若消费者感知企业为利己动机,则善因营销会对消费者态度产生负面的影响。骆紫薇和吕林祥(2019)以归因理论为基础,梳理了善因营销影响消费者态度的解释机制,进一步构建了善因营销影响消费者态度的理论解释框架[159]。张国政等(2021)基于归因理论,认为利益相关方通过参与价值共创(由沟通、渠道、风险评估、透明等维度构成)生成价值感知,除直接影响消费者购买行为,也通过影响消费者心理(如:加深贫困状况认知,提升扶贫消费意识等)和社会参照规范(如:形成消费习惯,学习扶贫榜样等)从而影响消费者购买行为[150]。

2.2.3 传染病模型

马颖等学者(2013)指出传染病模型是由常微分方程所描述的用以刻画传染病传播和流行规律的数学模型,根据传播过程中的不同特点可为 SI,SIS,SIR,SIRS,SEIR,SEIRS,SEI,SEIS 等类型[160]。传染病模型最初用于传染病的发生机制、传播机制以及相应的预防控制措施。早在18世纪中叶,D. Bernoulli就利用数学方法研究天花病毒的传播机制。二十世纪上半叶,Kermack和Mckendrick(1991)创建了著名的SIR模型和SIS模型,根据感染阶段分为易感者、感染者和恢复者三个阶段,并通过分析模型研究疾病的传播规律,通过定义阈值确定传染病的传播趋势,奠定了传染病模型和传染病动力学的基础。此后,各国学者对传染病模型进行完善和扩充,如多种群模型、空间扩散模型等[161],广泛应用于研究传染病的各个领域,如艾滋病、SARS等[162-163]。

随着传染病模型研究的完善,近些年来,传染病模型从疾病传播控制领域扩展至有类似传播规律的领域,尤其常见于刻画研究网络信息传播机制。近些年,不少学者将传染病模型的研究机理引入到管理研究中。如马颖等(2013)运用传染病模型仿真模拟,研究食品行业突发事件风险感知传递的特征和过程[160];孔晓丹和张丹(2020)基于传染病理论的知识扩散模型并结合仿真实验,验证由各异质因素构成的知识扩散再生数对知识扩散均衡和扩散效果的影响[164];徐凯等(2020)利用SIR经典模型,探讨风险信息促成的个体保护意识对关联信用风险传染的影响机理,还在BA无标度环境下开展数值仿真分析[165]。刘慧等(2020)借鉴SIS传染病模型思想,构建R&D网络风险传播模型,并进行了数理解析与仿真分析,为提高R&D网络的抗风险能力提供借鉴[166];Tavasoli等(2021)开发了一个传染病传播模型,探讨在网络外部性和激励个人的情况下,病毒营销活动的动态[167]。郭捷楠(2020)借鉴传染病动力学模型,通过模拟分析时间推移,呈现项目经理目标取向扩散及影响的全过程[168]。

尽管已经有不少文献将传染病模型应用经济管理领域,但是在营销方面依然应用甚少,而借鉴传染病模型理论专门对于善因营销展开深入研究的则更是不多见。由此,本书将尝试在归纳分析善因营销信息常见的传播方式的基础上,基于传染病模型,建立“慈善信息传播过程”“相似慈善信息影响”“慈善信息差异性分析”等三个模型,并进行求解,从而得到善因营销中慈善信息传播的主要特征和规律,总结慈善信息传播机制。

2.2.4 神经网络模型

神经网络模型(neural network model)是人工智能领域近年来的热门话题,这项技术是由Rumelhart和McClelland(1986)提出的[169]。神经网络模型是一种能模拟人类处理信息所用的生物神经网络的算法,由类似于人体神经细胞的神经元组成,丁鹏(2021)研究得出这些神经元之间可以互相通信[170]。俞立平(2021)归纳出神经网络模型通常包括五大特性:高度并行性、高度非线性全局能力、自适应学习能力、硬件实现及容错能力[171]。

贾琨钰(2010)研究发现按照神经网络的拓扑结构,可以分为前馈神经网络和反馈神经网络。其中前馈神经网络的拓扑结构包括一组神经元,组内神经元互相连接,层间传输信息的通路只有一个方向[172]。杨昱梅和李继娜(2015)研究指出这种神经网络结构相对简单,主要采用 Error Back Propagation(BP)算法[173]。周非等(2019)指出反馈神经网络也叫递归神经网络,网络中的任何一个神经元都会将自己的输出信号作为输入信号传递给其他神经元。学习的结果是探寻到稳定点,通常用能量函数来判定是否到达稳定点[174]。

目前,神经网络模型已被广泛应用到各个领域的研究中,包括营销领域。Alsmadi & Hailat(2021)指出现在神经营销(neuromarketing)已经成为新的营销分支,分析了有关神经营销的现有文献,发现神经营销可以提高衡量消费者对营销活动反应的准确性和有效性[175]。Chowdhury & Samuel(2014)用神经网络模型解释消费者的绿色产品购买意愿,得出影响绿色消费的因素。Li 等(2020)利用神经网络开发出一种新的衡量企业社会责任履行情况的模型,将这项技术应用到关于企业社会责任的研究中[176]。Liu(2020)构建了一个基于神经网络的精准营销模型,并重点研究了影响企业收入的两个最重要因素——客户流失预测和客户价值提升[177]。

综上所述,神经网络模型在营销领域的应用已十分广泛且成熟,但将这项技术与善因营销结合的研究还十分罕见。由此,本书将主要基于神经网络模型,对于善因营销效果关键的八项指标(消费者-慈善事件契合度、企业-消费者契合度、慈善事件-企业契合度、消费者-慈善事件卷入度、消费者-产品的卷入度、慈善组织宣传形式、企业宣传形式、消费者感知诚意)进行敏感性分析,将完整的数据集划分为70%的训练集,30%的测试集,拟合得到神经网络模型主要用训练集,然后对模型的性能进行评估则用测试集。其中,在基于神经网络模型的善因营销效果影响机理分析中,隐含层的个数是它最为关键的参数之一(详细情况请见第六章相关内容)。

2.3 本书研究的理论架构

通过回顾、梳理、总结善因营销相关的文献,结合对善因营销相关的基础理论与模型的研究,在综合前人研究的基础上,形成本书的理论研究体系,构建本书的理论架构,分析如下:

2.3.1 对提升我国企业善因营销效果研究的必要性分析

根据对善因营销的文献研究的结果,善因营销是理论和实践中很重要的热点话题,目前善因营销方面的研究成果较为丰富，尤其是国外的优秀研究成果众多。纵观国内外学者的研究，研究成果涵盖了善因营销的模式、策略、效果、对各方的影响以及影响善因营销效果的因素。已有的研究成果具有深远的理论和实践意义，值得学习和参考。但是随着技术的发展和环境的变化，善因营销领域还有一些新的问题和研究方向可以深入挖掘和深化研究。

从文献的梳理和总结可以看出：首先，迄今为止，国外学者的大多数研究都是在美国和英国等发达国家进行的，针对我国独特的消费文化背景、企业文化等开展的善因营销研究还有待进一步深入挖掘和加强。其次，善因营销活动存在许多利益相关者，此前关于善因营销的研究主要基于消费者视角，善因营销领域的研究还可以从其他利益相关者的角度展开。此外，在过去的几年里，有许多新的理论被用于解释善因营销活动，并得到了学术界的重视。学术研究人员和营销人员可以利用这些理论来更好地理解善因营销领域，并识别影响善因营销活动的变量，以设计有效的策略。再次，从查阅到的文献来看，目前对善因营销实施后产生的效果进行评估的研究比较匮乏。这是一个需要研究的重要领域，因为它有助于评估善因营销目标是否达到，并提出进一步改进的机会。

因此，本书重点研究如何提升我国企业善因营销的效果，具体研究各影响因素如何影响善因营销的效果，其中的作用机理是什么，对各种善因营销因素对善因营销效果的敏感度分析和评价，从而达到有针对性地帮助企业设计善因营销的优化路径和措施，进而改善企业善因营销效果的目的。

2.3.2 对影响善因营销效果的组态因素的构建

影响善因营销效果的因素复杂多样，从前文的研究综述可以总结出善因营销的研究热点可归纳为四类：第一类是针对善因营销影响的研究，第二类是善因营销的感知及反应方面的研究，第三类是影响善因营销效果的因素研究，第四类是关注环境及可持续问题的善因营销领域新出现的研究热点等。而且已有研究表明，善因营销研究的理论框架由企业、消费者、慈善机构与社会因素四个主体构成，其中前三者构成内部循环网络系统，并通过两两交互作用推动善因营销活动的实施，而社会因素则作为外部环境变量来保障善因营销系统的稳定性与持续性。因为慈善机构的功能主要以慈善事件体现，企业也可以用品牌或产品来代替，那么前三者之间就形成了诸如“消费者-慈善事件”“企业-慈善事件”“企业-消费者”“品牌-慈善事件”“消费者-产品”等各种组态因素。而这些组态因素之间的关系和相互作用又决定了企业实施善因营销的最终效果。

根据对善因营销的文献的梳理，结合高频引用文献、“关键词时间线图”和“关键词时区图”的提炼和归纳，发现对善因营销的研究“热点”和“热词”主要集中在“影响”“契合度”“卷入度”“响应”“品牌”“行为”“捐赠”等，这些“热词”都有很高的出现频率。因此，本书将善因营销的各组态因素与研究热点相结合，构建“消费者-慈善事件契合度”“品牌-慈善事件契合度”“消费者-产品”卷入度、善因营销捐款形式、消费者感知诚意、“企业-消费者契合度”“慈善事件-企业契合度”、慈善组织宣传形式程度、企业宣传形式程度等组态因素，研究在善因营销效果的影响因素中，消费者-慈善事件契合度和卷入度对善因营销效果的影响内在机理是什么，当企业的品牌-慈善事件契合度一定的前提下，企业采取哪种捐款形式，才能够帮助消费者更为清晰地看到并理解企业所传递的信息，进而促使企业的善因营销活动获得成功等内容。

由此构建出本书研究的理论架构的主体：围绕善因营销中“消费者-慈善事件契合度”“消费者-慈善事件卷入度”“品牌-慈善事件契合度”、企业捐款形式、消费者感知诚意、“消费者-产品卷入度”“企业-消费者契合度”“慈善事件-企业契合度”、慈善组织宣传形式程度、企业宣传形式程度等组态因素，对这些组态因素如何对善因营销效果产生影响的内在机理展开深入研究和剖析。通过深度访谈及扎根理论等方法综合衡量善因营销组态因素的范畴，并通过实证研究，分别探讨各组态因素对营销效果的影响及中介机制。

2.3.3 用“传染病模型”研究慈善信息传播机制的理论分析

在善因营销“消费者-慈善事件契合度”“消费者-慈善事件卷入度”“品牌-慈善事件契合度”企业捐款形式、消费者感知诚意、“消费者-产品卷入度”“企业-消费者契合度”“慈善事件-企业契合度”、慈善组织宣传形式程度、企业宣传形式程度等组态因素对善因营销效果产生影响的过程中，都离不开各主体之间相互“沟通”的问题，也就是信息如何有效传播的问题。企业策划慈善活动，然后通过广告、公关等手段将慈善活动和相关的善因营销的信息传播出去，都是以打动消费者为目的，从而实现企业的利润目标。而消费者是否接受企业在善因营销中推行的善因活动，从而被企业打动，然后去购买该企业的产品或服务，归根结底还是要取决于慈善信息给消费者造成的影响是正面的还是负面的，即善因营销的效果取决于慈善信息传播的质量。

通过对前人相关文献进行系统梳理，学者们一般将善因营销信息传播划分为以下六种类型：销量决定型、公益事业冠名型、义卖捐赠型、抽奖捐赠型、主题活动型、设立基金或奖项型等。由于不同类型的善因营销信息传播的媒体领域在不断变化，信息传播的途径也在不断扩大,从传统媒体(报纸、杂志、电话、广播、电视)逐渐向互联网、微信、微博、短视频平台等新社交媒体和自媒体等新的传播途径转变。因此,企业在选择善因营销信息传播的途径时,要结合企业产品特点、品牌知名度、企业的公信度、是否跨国营销等诸多因素去选择合适的途径。因为新社交媒体和自媒体的使用越来越得到消费者和企业的欢迎,互联网成为善因营销信息传播的重要媒介,社交网络、微信、博客、视频直播平台等也越来越成为企业强有力的营销平台。

传染病模型是由常微分方程所描述的用以刻画传染病传播和流行规律的数学模型。传染病模型最初用于传染病的发生机制、传播机制以及相应的预防控制措施。早在18世纪中叶,就有学者利用数学方法研究天花病毒的传播机制。此后,各国学者对传染病模型进行完善和扩充,将传染病模型广泛应用于研究传染病的各个领域。近些年来,传染病模型从疾病传播控制领域扩展至有类似传播规律的领域,尤其常见于刻画研究网络信息传播机制。目前不少学者将传染病模型的研究机理引入到管理研究中。

因此,本书结合慈善信息传播的基本特点和规律,以及慈善信息数据的可获取性,选择微博平台作为代表,用传染病模型分析以2021年的典型事件鸿星尔克、361°等企业和张艺兴等个人“驰援河南”的慈善信息传播为代表的微博慈善信息传播机制。以企业捐赠、明星个人捐赠研究不同类型慈善信息传播差异性情况,进一步探究善因营销中慈善信息传播的一般特征。相关研究成果将对掌握慈善信息传播的机制,提高组态因素各主体之间的营销沟通以达到良好的营销效果,为企业实施善因营销策略和路径优化都具有较为重要的作用。

2.3.4 用神经网络模型对各组态因素对营销效果影响的敏感度分析

神经网络模型是人工智能领域近年来的研究热点话题,它是一种能模拟人类处理信息所用的生物神经网络的算法,由类似于人体神经细胞的神经元组成。目前,神经网络模型已被广泛应用到各个领域的研究中,包括营销领域。并且从已有的研究中可以看出,神经网络模型在营销领域的应用已十分广泛且成熟,但将这项技术与善因营销结合的研究还十分罕见。

因此,本书将神经网络模型应用于对善因营销的影响因素研究中,将影响善因营销效果的组态因素(消费者-慈善事件契合度、企业-消费者契合度、慈善事件-企业契合度、消费者-慈善事件卷入度、消费者-产品的卷入度、慈善组织宣传形式、企业宣传形式、消费者感知诚意)视为“神经元”,对这些“神经元”进行敏感性分析。由于善因营销效果的影响因素比较多,而且在不同条件下对营销效果的影响效力都不尽相同,因此可以把

“消费者-慈善事件契合度”“企业-消费者契合度”“品牌-消费者的契合度”“品牌-慈善事件的契合度”“慈善事件-企业契合度”、消费者感知诚意、“消费者-慈善事件卷入度”“消费者-产品的卷入度”、慈善组织宣传形式、企业宣传形式等都看作是神经网络中的“神经元”。根据神经网络模型的应用特点，适合对许多因素和条件的、不精确和模糊的信息进行处理，并且用神经网络对各因素的影响力和敏感度进行表达，数据以问卷调查数据为主。然后，结合前文已经研究和检验的结论进一步探究众多组态因素对善因营销效果影响的敏感性，对各组态因素的影响效力进行评价，测量不同组态因素对善因营销效果影响的敏感度。

综上所述，本书构建了“消费者-慈善事件契合度”等组态因素对善因营销效果影响的理论研究体系，形成了本书的理论研究架构。通过构建理论架构，确定了综合衡量善因营销影响组态因素的研究范畴、探讨并形成了“消费者-慈善事件契合度”“消费者-慈善事件卷入度”“品牌-慈善事件契合度”、企业捐款形式、消费者感知诚意、慈善信息传播机制等组态因素对善因营销效果的影响和中介机制的理论研究体系。研究结论将为我国企业有效实施善因营销策略和路径优化达到良好的善因营销效果提出有针对性的措施和建议，为我国企业有效推行善因营销战略建言献策。理论架构如图 2-8 所示。

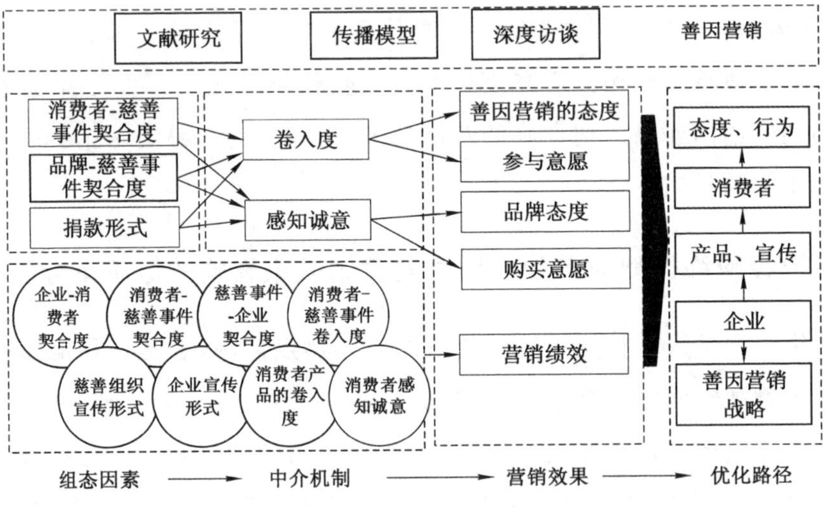

图 2-8　理论架构

2.4 本章小结

本章对研究善因营销方面的相关文献进行了梳理，基于扎根理论、归因理论、传染病模型、神经网络模型等理论，构建了“消费者-慈善事件契合度”等善因营销组态因素对营销效果影响的理论研究架构。首先，本书指出如何才能达到企业实施善因营销期望达到的营销效果，对于企业来说是至关重要的，因此本书研究的侧重点就是企业善因营销效果的影响因素如何发挥影响作用，其中的作用机理是什么，从而帮助企业设计善因营销的优化路径和措施，有针对性地帮助企业提高善因营销的效果。其次，根据对善因营销的文献的梳理，结合高频引用文献、“关键词时间线图”和“关键词时区图”的提炼和归纳，发现对善因营销的研究“热点”和“热词”，本书将善因营销的各组态因素与研究热点相结合，构建“消费者-慈善事件契合度”“品牌-慈善事件契合度”“消费者-产品卷入度”、善因营销捐款形式、消费者感知诚意、“企业-消费者契合度”“慈善事件-企业契合度”、慈善组织宣传形式程度、企业宣传形式程度等组态因素，研究在善因营销效果的影响因素中，消费者-慈善事件契合度和卷入度对善因营销效果的影响内在机理是什么，当企业的品牌-慈善事件契合度一定的前提下，企业采取哪种捐款形式，才能够帮助消费者更为清晰地看到并理解企业所传递的信息，进而促使企业的善因营销活动获得成功等内容。再次，为了研究善因营销各组态因素慈善信息有效传播的问题，用传染病模型进一步探究善因营销中慈善信息传播的一般特征和作用机制。相关研究成果将对提高组态因素各主体之间的营销沟通以达到良好的营销效果，为企业实施善因营销策略和路径优化具有重要作用。最后，结合前文已经研究和检验的结论进一步探究众多组态因素对善因营销效果影响的敏感度，测量不同组态因素对善因营销效果影响的敏感度，根据神经网络模型的应用特点，适合对许多因素和条件的、不精确和模糊的信息进行处理。因此采用神经网络模型对影响善因营销效果的各项组态因素评价指标进行机理研究，用神经网络对各因素的影响力和敏感度进行表达。后文中第三章、第四章是关于消费者-慈善事件契合度及卷入度、企业捐款形式及消费者感知诚意对善因营销效果影响的实证研究；第五章是基于传染病模型的善因营销中慈善信息传播的机制研究，基于神经网络模型的善因营销组态因素对营销效果影响的敏感度分析见第六章。

3 消费者-慈善事件契合度及卷入度对善因营销效果的影响

3.1 研究问题的提出

Ferraris et al.(2019)研究表明,企业实施具有更高关联的善因营销(cause-related marketing)(CRM)往往会更容易激发易感人群,使之成为企业后续开展系列营销的目标群体[178]。由此,本研究在前人研究的成果基础上,通过访谈和实证的方式,深入探讨消费者-慈善事件契合度以及消费者卷入度对善因营销效果的影响和具体表现。

如前文所述,善因营销是一种将产品广告和企业公共关系结合在一起的混合营销战略,目的是将企业识别和慈善组织、非营利或公益事件联系在一起。对于企业来说,从某种意义上来说,可以将慈善或公益的花费视作为企业所缴的营业税,这种利用慈善事件与消费大众建立长期持久的情感关系是传统服务营销手段无法做到的。企业通过善因营销,承诺将营业收入的一部分捐赠给某个非营利组织,当顾客参与到善因营销活动时,不仅直接为企业创造一定的营销额,也间接地帮助企业履行了企业社会责任[179-180],从而分别达到了企业和消费者的目的[181,21]。如农夫山泉股份有限公司承诺每销售一瓶水,公司将为希望工程捐赠1分钱。在许多国家,善因营销已然成为企业的重要营销工具,事实证明,它不仅能够维持企业长期履行社会责任的良好形象[6,98],而且能够促进短期销售额的增长[182-183];所以众多企业都精心设计适合本企业的善因营销活动,以期达到最好的营销效果。据曹忠鹏等(2012)统计发现,从消费者角度来看,在美国有78%的消费者更愿意购买与慈善事件有关系的产品,66%的消费者愿意转换品牌来支持慈善事件,加拿大、英国和新西兰等国的消费者都具有相同的消费特征[130]。

Moosmayer 和 Fuljahn(2010)研究表明，善因营销活动中慈善组织、企业(品牌)、消费者三者之间的契合度对善因营销效果有非常重要的影响作用，不同要素之间的契合度直接决定了消费者对善因活动的态度、对品牌的态度以及最终的购买意愿[133]。如企业与慈善组织之间的契合度(Gupta 和 Pirsch，2006)、产品与慈善组织之间的契合度[7,12]；企业与消费者之间的契合度；事件和品牌之间的契合度[59]。但是鲜有学者探讨消费者与慈善组织或慈善事件之间的契合度对善因营销效果的影响。因此，本章主要研究和考察消费者与慈善事件契合度如何决定善因营销活动的效果，通过实验一探讨善因营销中消费者-慈善事件契合度对消费者态度和参与意愿的影响作用。

所谓契合度(Fit)是指企业形象、定位、目标市场与慈善事件以及消费者三者之间相互连接程度[9]。还有学者称之为一致性(congruence)、匹配度(match)、兼容度(compatibility)，相关的含义大体一致。根据以上定义，可以将消费者-慈善事件契合度定义为"慈善事件与消费者的关联程度"，这样一来，如果消费者认为慈善事件非常重要，亦或是消费者关注的社会责任正好与慈善事件相同或相近时，尤其当慈善事件和自己的价值观非常接近时，那么消费者将视自己也可能是慈善事件的受益者，从而产生共鸣和共情。

企业通过善因营销可以提升在消费者心目中的地位，因为企业和消费者发现善因营销是履行社会责任回馈社会的手段[184-185]，许多消费者也表现出乐于参与善因营销活动的意愿。随着消费者逐渐认可和接受，善因营销已经成为企业非常重要的营销手段和平台，企业越来越注重通过向公众或消费者宣传善因营销来促进销售和履行自己的社会责任。

善因营销的效果主要体现在消费者对营销活动的反应，特别是消费者对企业、品牌、产品感知和态度，以及对整个营销事件的态度和参与意愿。在有关善因营销效果的研究中，有关契合度的研究最为普遍。Pracejus 和 Olsen(2004)发现，捐赠企业和慈善事件的契合度能够增加消费者对捐赠企业的信任感，也就是说契合度越高，消费者越愿意相信企业的行为[186]。此外，当企业生产的是非便利品时，契合度影响消费者的选择行为。

但是，也有学者发现了与之截然不同的结论。Ellen 等(2000)发现较高的契合度能够引起消费者对企业动机的怀疑，从而导致消费更倾向那些没有契合关系的慈善事件和企业[194]。Das N 等(2016)研究发现，慈善事件和品牌的契合度对消费者态度和购买意愿没有特殊的效果[117]。还有的学者则认为契合度对善因营销效果的影响受到了其他变量的调节作用，如企业动机、消费者对慈善事件的接受度[187,153]，还有消费者对品牌的知觉水平[119]。国内一些学者(陈艺妮等,2019;邓新明等,2016)探讨了事件和品牌契合度以及与产品类型对消费者的响应的影响[188-189]。除此契合度的直接效应研究之外,Robinson 等(2012)认为品牌和事件的契合度在消费者对善因营销反应中起的是调节效应[127]。

综上所述,尽管已有研究关注了品牌、企业和消费者契合度,或企业与慈善事件的契合度,并且也得到了一些研究成果,但是有关消费者-慈善事件的契合度对善因营销效果的影响却依然鲜有学者关注,企业的目标市场与善因营销活动的有机结合能否切实提高善因营销效果还不得而知。

3.2 对消费者-慈善事件契合度变量的深度访谈分析

因为我国在善因营销方面的理论研究起步比较晚,实证研究较少,经验研究还不够,所以本章采取深度访谈的方法,搜集“消费者-慈善事件契合度”变量的原始资料和数据。具体而言,主要通过对消费者进行深度访谈,探究消费者对善因营销的感知心理过程、消费者对善因营销的了解程度及对善因营销特征的感知程度等,尤其就消费者对实施善因营销企业的品牌形象、宣传口号、品牌定位等的认知问题、消费者对慈善事件及捐款形式的态度和体验问题等进行详细地考察和记录。事实上,深度访谈往往能够帮助研究者了解消费者的行为和态度,通过现实中发生的情形对消费者进行访谈,确切地收集消费者对待善因营销的态度方面的资料。通过深度访谈,可以快速的了解消费者对“消费者-慈善事件契合度”变量的所思所想。

具体而言,对消费者-慈善事件契合度变量的深度访谈分析的基本步骤如下:

首先,确定消费者-慈善事件契合度变量的深度访谈的主题,根据主题设计开放式问题,然后邀请访谈对象回答问题,对开放式问题进行个人观点的阐述;

其次,通过与访谈对象围绕消费者-慈善事件契合度变量展开深度交流,通过询问、鼓励互动等方式,获得尽可能多的答案;

最后,对访谈对象围绕消费者-慈善事件契合度的回答进行汇总、梳理和归纳,为下一步研究模型的设计、变量间关系的梳理以及提出相关假设打下基础。

总而言之,深度访谈可以和扎根理论配合使用,通过深度访谈,使研究人员获得大量的原始数据和文本资料,从而进行规范化的整理和分析。通过扎根理论研究方法,对访谈资料进一步进行抽象范畴、提炼构念,进而提出消费者-慈善事件契合度对善因营销效果的影响模型,反映出消费者对善因营销态度的社会现实。

3.2.1 对消费者-慈善事件契合度变量的访谈设计

通过前文的文献综述，结合本书的研究内容，设计访谈提纲，然后从亲朋好友、同事、同学中选取15位访谈对象进行预访谈，通过他们对访谈过程和访谈提纲进行意见反馈，然后对访谈过程和访谈提纲进行细微调整，形成正式访谈提纲，访谈的主要问题如表3-1所示。

表3-1 访谈的主要问题列表

问题序号	访谈的主要问题
1	被访者年龄、职业、学历、兴趣、专长
2	您了解企业的善因营销活动吗？是否有参与？
3	列举2～3个您参与过的企业的善因营销活动
4	对您参与过的印象最深的善因营销活动感悟是什么？
5	您是否对参与的善因营销活动产生过依恋？
6	您认为企业的哪些行为不属于善因营销或背离企业的慈善承诺？
7	您喜欢什么样的企业？实施善因营销的企业 or 传统营销的企业？
8	您最喜欢哪些实施善因营销的企业？为什么？
9	您认为企业的哪些善因行为得当，哪些不得当？是否可以提点建议？
10	企业的捐款形式您了解多少？在实施此策略中企业的表述是否得当？
11	您认为企业捐款对品牌产生哪些影响？
12	实施善因营销的企业对您购物的选择是否产生了什么心理影响？

3.2.2 访谈过程中需要注意的细节问题

访谈的问题经过专家组的论证，认为合理、可行。但依然要注意以下三个方面的问题：首先，因为调查的问题中有些涉及对企业道德的评判，属于相对敏感的话题，因此需要在访谈的过程中注意说话的态度和语气，以及对被访者的心理安抚和纾解心理压力。其次，因为有些问题专业性比较强，需耐心对被访者进行解释，防止出现理解的错误，导致问题回答无效。再次，在访谈环境方面，要加以细致的考虑，尽量选择在被访者熟悉、舒服而轻松的环境中进行，使被访者尽可能地放松，感觉舒适，才能顺畅地交流，轻松地回答我们的问题，才能让被访者畅所欲言，并使答案更真实。

接下来，通过事先准备好的访谈提纲，对被访者进行编号，访谈采取面对面访谈的方式，首先争取被访者的同意，说明情况，全程录音，对部分受访者录像，整个访谈过程保证被访者状态轻松、自然。访谈结束，即刻对受访者的访谈内容进行整理归纳，防止遗漏和带有研究人员个人色彩。并且从前面访谈者的对话中吸取经验、总结不足，为下一次访谈提供有益帮助，减少下一次访谈中的失误。在上述基础上，对访谈资料进行初步整理，对初步整理的资料进行编码，按照类别和范畴进行归类。通过对文本资料的处理分析，采用开放式编码的程序，把文本中与研究内容相关的汇集在一起，把与研究内容无关的分离出来进行删除。有些问题的回答明显出现逻辑性和合理性的问题，通过电话回访的方式，要求被访者重新思考并表达自己的观点，对原观点进行补充或者修正。

3.2.3 对消费者-慈善事件契合度变量的访谈数据的收集

访谈的目的是了解被访者对企业善因营销活动的态度，包括他们的看法。通过对被访者所回答的问题的深入解析，归纳被访者对善因营销活动释放的信息处理过程。在挑选被访者的时候，首先考虑的是消费者具有不同的消费习惯，应根据被访者的职业、受教育程度、个人兴趣爱好选择不同种类的消费者，这样才能够保证数据收集的普遍性和合理性。因此，本次访谈邀请了具有不同消费习惯和生活习惯，来自不同职业、不同层次的消费者。

具体而言，从身边的朋友进行选择，然后利用滚雪球的方法，对朋友的亲人和朋友进行再次选择，另外从高校的硕士(包括 MBA)、博士、教师等高学历人群进行选择。受访者中有企业高管、跨国公司员工、政府部门职员、律师、移动公司管理层、高校教师、科研机构人员、国企中层干部等。有些访谈对象因工作原因，用 QQ 或者微信的方式接收在线访谈。受访者年龄在 23～50 岁之间，具有一定的社会阅历，能够对社会问题和企业的营销活动有较为深刻的认识，受教育程度相对比较高，对问题回答的代表性较强。参与访谈的共 40 人。访谈对象的详细情况如表 3-2 所示。

表 3-2 被访者信息列表

序号	称呼	年龄	职业	访谈时间	访谈方式
1	李女士	29	国企管理者	30 分钟	个人座谈
2	张先生	40	私企员工	43 分钟	个人座谈
3	周博士	26	在读博士	40 分钟	小组座谈
4	孙先生	36	银行员工	30 分钟	个人座谈
5	王先生	42	国企老总	30 分钟	个人座谈
6	李经理	46	创业者	50 分钟	个人座谈
7	马教授	50	高校教师	40 分钟	个人座谈

表 3-2(续)

序号	称呼	年龄	职业	访谈时间	访谈方式
8	周女士	33	高校行政人员	30 分钟	个人座谈
9	赵女士	28	私企员工	30 分钟	个人座谈
10	司先生	43	律师	50 分钟	QQ 视频
11	王女士	33	移动公司管理层	30 分钟	微信视频
12	牛老师	26	高校教师	30 分钟	个人座谈
13	吴先生	36	律师	45 分钟	个人座谈
14	上官教授	55	高校教师	35 分钟	个人座谈
15	陈女士	37	公司高管	30 分钟	个人座谈
16	郑经理	39	外企中层领导	43 分钟	微信视频
17	李先生	35	国企会计	40 分钟	个人座谈
18	潘女士	38	公司高管	30 分钟	个人座谈
19	罗女士	29	保险公司基层干部	30 分钟	QQ 视频
20	欧阳先生	45	证券公司部门经理	50 分钟	个人座谈
21	丁先生	43	高校行政人员	40 分钟	个人座谈
22	高先生	48	高校行政人员	30 分钟	个人座谈
23	董院长	52	高校二级学院院长	30 分钟	个人座谈
24	周书记	56	高校书记	45 分钟	个人座谈
25	崔先生	45	物业公司经理	30 分钟	个人座谈
26	唐女士	45	外企经理	30 分钟	个人座谈
27	金先生	38	电信员工	45 分钟	个人座谈
28	谢女士	55	企业高管	35 分钟	个人座谈
29	张女士	50	民营公司老总	30 分钟	个人座谈
30	杨先生	47	企业市场总监	30 分钟	个人座谈
31	洪同学	22	硕士研究生	45 分钟	个人座谈
32	章先生	29	公司管理员	35 分钟	个人座谈
33	樊女士	45	外企工程师	38 分钟	个人座谈
34	毕先生	51	政府工作人员	40 分钟	个人座谈
35	库先生	24	研究生	30 分钟	小组座谈
36	薛先生	47	高校教师	30 分钟	QQ 视频
37	彭先生	39	高校教师	45 分钟	小组座谈
38	徐女士	48	家庭主妇	35 分钟	个人座谈
39	干同学	25	在读博士	30 分钟	小组座谈
40	夏经理	41	保险公司经理	30 分钟	个人座谈

3.2.4 对消费者-慈善事件契合度变量的深度访谈观点的提炼

(1)消费者对企业善因营销活动投入度的关注

在第一轮的访谈中,发现消费者对企业善因营销活动的关注度很高,他们十分关注企业是否开展善因营销活动。很多消费者都认为企业在善因营销活动中的投入度可以作为衡量企业的一项重要指标,企业慈善事件投入度能够体现出企业在慈善活动中的真实付出,其中也有一些企业大张旗鼓地宣传善因营销,但实际上却没有做实事,投入的资金和精力较少的公司,是对善因营销活动投入度表现较差的公司,而那些在投入度上具有非常好的表现的企业会得到消费者的喜欢和青睐。

"我一般比较关注大企业从事善因营销的行为,也是因为我个人是政府部门的,所以常常带着职业的眼光去关注一些大型企业在做慈善或者善因营销的活动中他们的真实表现。我对农夫山泉和联想公司推行的善因营销行为有一定的印象。农夫山泉这个品牌是我们家庭和单位都比较青睐的品牌,它曾经承诺每销售一瓶矿泉水,就向希望工程捐赠1分钱。当时我们感觉这个公司的做法还是非常实际的,经过观察,发现他们确实也能够履行承诺,并且也为企业赢得了回报。对联想集团的关注是因为本人对电子产品关注度比较高,所以平时也比较关注电子产品类的生产企业,联想集团的产品也是政府部门办公室常选用的品牌,比如笔记本、台式机、键盘、鼠标,都是政府采购非常适合使用的品牌。联想集团的善因营销活动体现在他们帮助贫困地区的辍学儿童,为贫困地区的教育作出贡献。他们帮助贫困地区修建学校、捐赠桌椅、捐赠电脑,我觉得联想集团的做法就特别好,首先就是对教育的支持,也是对社会的有益贡献;其次这种捐赠自己企业的产品的行为,是在做本企业力所能及的事情,宣传了企业、宣传了产品、也贡献了自己的社会力量,真的是多赢的事情。另外,我和我的同事也在长期关注联想集团做公益活动的持久性,包括对他们的官方网站的关注,对联想的公益营销活动进行关注,论坛和网站都是我们经常看的,联想这么大的企业,他们到底捐赠了多少钱,捐赠了多少产品、捐赠的钱和物的真正去向,在公益项目网站上也可以了解到。这样的企业基本上每年都会实施一些善因营销活动,那么他们究竟是为了作秀,还是具有持续性的活动,消费者是可以通过观察认清的。"

——对毕先生的访谈记录

通过这段访谈内容可以看出,企业在善因营销活动中的真正投入,包括资金、物品、时间、精力等方面的投入,其实都是在接受着政府部门以及其他消费者的监督的,消费者是非常关心企业是否真正地从事善因营销活动以及在善因营销活动中真正投入的内容。

(2) 企业在善因营销活动中的承诺和宣传

这一轮访谈主要交流消费者对企业在善因营销活动中的承诺和宣传产生的效果的评价。与访谈者深度交流中发现,消费者关注的不仅仅是企业对善因营销的投入水平,他们还特别关注企业是如何承诺的,承诺的兑现可能性,以及企业在对外宣传的时候表达的内容,哪些内容让消费者放心、满意,哪些内容让消费者认为不真实、不可信。

"我是来自高校的,也是专门研究企业战略和企业的营销活动的,我们对企业的市场营销部门和管理层如何策划其善因营销活动,如何宣传和承诺,以及如何推广其善因营销的战略,非常关注,对于这类问题也经常思考。我的观点是:企业的善因营销活动的宣传推广以及对外的承诺,必须让人感觉到他们的诚意和可实现性,不能让人质疑企业做这些事情的诚意。换句话说,企业在善因营销活动中,也必须做到"言必信行必果",信守承诺。企业做善因营销活动要想具有持久性,不仅仅是各种形式的宣传,有的企业还依靠第三方媒体宣传,那么既然如此轰动的宣传做出去了,慈善活动的持续性是必须达到的,不能朝令夕改,引起消费者的怀疑,对不对?我建议实施善因营销的企业做长久的善因营销实施战略,每年都有规划和预算,并主动接受社会监督。在战略制定和实施中,可以与我们高校有相关研究的老师合作,共同制定切实可行的宣传口号,做出企业能够实现的承诺,语言的表达仔细斟酌,战略制定要有前瞻性,并且建立战略实施和战略评价体系。"

——对董院长的访谈记录

由以上访谈者的资料可以看出,企业的善因营销活动不能是短期行为,不能与企业的经济实力、企业自身实力相违背。对于企业做出的任何宣传和承诺,消费者一般都比较敏感,语言使用不当也会引起消费者的质疑,当企业的善因营销活动宣传、承诺符合企业的自身实力,消费者才会信任企业有能力、有信用去实现企业的承诺,才会乐于接受这样的善因营销活动,对企业的印象也会逐步提升。

(3) 企业善因营销活动的时机选择

企业善因营销活动能否选择在合适的时机,是一个非常关键的问题。即"适时性"是一个非常重要而且敏感的问题,企业在什么时候进行善因营销宣传、什么时候进行善因营销活动的开展,能够选择好这个时机,是关乎企业形象、企业对消费者产生多大影响的关键要素。

"谈到时机的问题,很多企业都选择在天灾人祸发生的第一时间就展开善因营销活动,这样既有利也有弊。有利的地方在于这个时机抓得对,符合人们对于天灾人祸发生的时候献出爱心、伸出援手的心理;但是弊的地方在哪里呢?就是容易被消费者认为企业作秀,实际是为了企业自身更多一些,消费者可能会产生这样的心态,尤其是有些企业捐赠额度较低的时候,往往负面效果很大。比如王老吉和万科这两个企业,王老吉是一个非常讲究策略的企业,汶川地震刚刚发生,王老吉就立刻做出了反应,我和我的同事们都感觉这个企业反应敏锐、非常敏感,而且非常有道德,他们的做法比较受消费者的认可。但是再看万科的表现,就比不上王老吉了,首先捐款的数量让人产生负面的反应,尽管万科后来想弥补这个缺陷,后来又捐了很多钱,但是消费者仍然还是一片骂声。面对这么大的天灾,什么时候做出反应,捐赠额度问题,是非常敏感的问题,第一反应非常关键,时机的把握非常关键,否则事后弥补恐怕都难以产生好的效果了,哪怕随后又做出承诺,也无济于事,效果会比较差。"

——对潘女士的访谈记录

(4) 慈善事件和产品与善因营销活动的匹配程度

企业进行善因营销活动,选择什么类型的活动,要考虑企业的产品以及所在行业的特点,以此决定选择什么样的慈善事件。因为企业的善因营销活动和企业的产品是否匹配,与企业所在行业是否匹配,与企业自身的形象是否匹配,都会影响着消费者对企业的看法和认知。通过与几位女性消费者的深度访谈,发现她们就是关注企业善因营销活动匹配度的代表。

"女性消费者,尤其是知识女性,对美容、养生、保健方面都是比较关心的。企业如果能够在选择慈善事件的时候,与这类女性消费者形成共鸣,那么消费者会比较多地关注这个企业的产品。我是雅芳产品的粉丝,使用这个品牌比较多,所以比较了解这个品牌,因此对这个企业所做的善因营销活动,也有所了解。知道雅芳一直通过防止乳腺癌的宣传,来开展他们的营销活动,也正是看到雅芳这个品牌宣传防治乳腺癌,才让我对这个产品增添了更多的好感,虽然它现在退出了中国,但是我还是它的粉丝。雅芳是经营护肤品的公司,客户几乎都是女性群体,乳腺癌是当前女性的第一杀手,所以女性非常关注自身的防癌知识,而雅芳这个品牌正是抓住了女性防治乳腺癌疾病这个关键点,强调女性要学习防癌知识,学习女性护理知识,使很多女性朋友都感觉非常有用,而这种做法也十分契合雅芳公司的产品和公司形象。雅芳用粉红色丝带作为标志物,色彩鲜明,标识恰当,在各个商场、店铺中都能够看到,还专门给女性消费者做讲座,大家感觉受益,颇为感动,使女性消费者感受到了雅芳给大家的真切关怀,而不止是宣传产品,这种善因营销活动对于消费者来说一般是容易接受的,不会产生抵触情绪,在购买产品的同时能够学到一些保健、防癌的知识,消费者甚至认为雅芳搭建了女性消费者交流的平台,这样的善因营销活动效果当然是非常棒的。"

——对张女士的访谈记录

总之,从与消费者进行深度访谈的过程中,我们发现被访者对于企业实施善因营销活动的要求是:企业善因营销活动要在合适的时机,选择合适的活动内容,注意宣传方式、表达语言,慈善事件必须与产品所在行业相关,企业善因营销活动最好与企业的自身形象匹配,活动内容要与企业、消费者息息相关。这样才能让消费者感受到企业的诚意,才能相信企业在自身力所能及的范围内真正做好慈善事业,而不是在做一些企业不擅长的事情,或者"作秀"。下面将根据以上访谈结果进一步提出假说和进行实证验证,以深入挖掘善因营销的效果和内在机理。

3.3　消费者-慈善事件契合度对善因营销效果影响的实证研究

3.3.1　研究假说的提出

根据详尽可能性模型(elaboration likelihood model, ELM)(Petty 和 Cacioppo, 1986),当消费者与慈善事件契合度高时,消费者将对接收的信息采取中央路径进行认知,这种深度的认知可能造成消费者对信息有用性和影响性有不同的见解[157]。而如果消费者认为和自己无关,契合度不高时,消费者将采取周边路径进行认知(Winterich, 2011),这种低程度推敲将影响他们对慈善事件的接受程度[65]。由于慈善事件通常是利他的,如果一名消费者与某一慈善事件契合度高,也说明该消费者要么热衷于此类慈善活动,要么他是该活动的受益者[190]。如果消费者热衷于企业从事的慈善活动,那么他就会感知到自己与企业在慈善事件中达成了共识。此外,根据社会认同理论(social identity theory),此时消费者会认为自己与企业属于同一群体,因此对企业及其慈善事件产生正面的态度和正向的参与意愿[191]。如果消费者是慈善活动的受益者,那么他有更充分的理由来支持企业的慈善事件[192],同样,他对企业实施的善因营销持有正向的态度和正向的参与意愿[193]。基于以上论述,提出本书的假说1:

假说1:与慈善事件有较高契合度的消费者对善因营销的态度和参与意愿显著大于低契合度消费者的态度(H1a)和参与意愿(H1b)。

3.3.2 研究方法及数据收集

本章采用实验设计的方法来验证所提假说，为了纯粹考察契合度的主效应，实验主要是验证消费者-慈善事件契合度对消费者态度和行为意愿的影响。测量量表借鉴了曹忠鹏等学者(2012)对契合度和消费者态度和参与意愿的测量[130]。

正式实验之前，首先进行预实验来确定实验材料和背景。选择国产运动品牌361°关注大学生创新创业活动和送温暖关爱孤寡老人这两项慈善事件来作为实验背景材料，通过“您认为该活动的形象、宣传口号、事件定位和您接近程度”等题项的测量，测量尺度为利克特5点尺度。经过82名被试的测试，361°关注大学生创新活动($M=3.31$)和送温暖关爱孤寡老人($M=4.22$)的契合度有显著差别($F=28.214$，$P=0.000$，$\eta^2=0.26$)，前者呈现出更好的消费者-慈善事件契合度。

正式实验采用2组(契合度:高，低)的组间实验设计，实验通过见数(credamo)调研平台进行数据的收集。共发放110份问卷，剔除未通过检验的3份问卷，回收107份有效问卷。

在正式实验过程中，主要设计了两种情景，每位被试者阅读一种实验情景，在阅读完有关善因营销宣传后，要求被试回答他们对慈善事件活动的态度和参与意愿两个问题，然后回答有关个人信息。对于被试的所有个人资料都要求完全保密，不得泄露。

其中，消费者-慈善事件契合度高的情境描述如下：

361°运动品牌一直致力于公益事业，履行自己的企业社会责任，现如今在全国大学生毕业之际，为了鼓励大学生自主创新创业，特委托中华慈善基金会成立“361°关注大学生创新创业活动”基金，企业承诺从现在开始一年时间内，每销售一双运动鞋，将为基金捐赠1元人民币，为各大高校毕业生举办创新创业活动募集资金。

消费者-慈善事件契合度低的情境描述如下：

361°运动品牌一直致力于公益事业，履行自己的企业社会责任，现如今在全国孤寡老人逐渐增多，为了体现社会大家庭的关爱和温暖，特委托中华慈善基金会成立“361°送温暖关爱孤寡老人”基金，企业承诺从现在开始一年时间内，每销售一双运动鞋，将为基金捐赠1元人民币，为各城市孤寡老人募集资金提供物资。

3.3.3 数据分析及假说检验

(1) 信效度检验

通过SPSS 22.0软件，对于相关变量进行信效度检验。结果发现：消费者-慈善事件契合度(0.889)、对善因营销活动的态度(0.925)和参与营销活动的意愿(0.882)的内部一致性系数 Cronbach's α 都大于 0.7,说明通过了信度检验。三个构念的测量全部来自于成熟的量表,并且进行了前测,说明题项设计合理,通过了表面效度的检验,通过 KMO(Kaiser-Meyer-Olkin)和 Bartlett 的球形度检验得出 KMO 检验=0.888,近似卡方=785.879,显著性为 0.000,原有变量适合作因子分析。通过 SPSS 22.0 软件对三个构念的因子分析,结果表明,所有对应的测量题项都归于各自的因子,这表明全部测量量表具有一定的效度。

(2) 操控检验

正式实验中,两种实验情境下,消费者-慈善事件契合度有显著差别($F(1,105)=48.455$,$P=0.000$),被试感知 361°关注大学生创新活动与自己的契合度($M=4.27$)显著大于他们感知送温暖关爱孤寡老人($M=3.23$)与自己的契合度,说明实验操控通过检验,操控成功。

(3) 假说检验

通过方差分析来对假说进行检验,因为因变量为两个变量,并且二者之间有一定的相关性,所以采用多元方差分析方法。消费者-慈善事件契合度高的组中,被试对善因营销活动的态度(ATT 高契合=4.54)显著大于低契合度组中被试的态度(ATT 低契合=3.46)。假说 H1a 得以验证;高契合组中被试参与善因营销活动的意愿(INT 高契合=4.45)也显著大于低契合组中被试的意愿(INT 低契合=3.45),因此据说 H1b 得到支持。所有检验结果的 P 值及相应 F 值如表 3-3 所示。

表 3-3 方差分析表格

自变量	因变量	自由度	均方	F 值	p 值
消费者-慈善事件契合度	善因营销的态度	1	31.435	41.149	.0000
	参与意愿	1	26.989	41.759	.0000

研究结果表明:善因营销过程中消费者与慈善事件的契合度决定了消费者对善因营销的态度和参与意愿。当契合度高时,消费者对整个事件宣传的口号、定位都有一定的认同,所以他们的态度和参与意愿也同样较高;而契合度低时,善因营销效果正好相反。

研究一虽然明确了消费者-慈善事件契合度对善因营销效果的影响作用,但是契合度的高低为什么能够引起消费者态度和参与意愿的不同,究竟是什么因素在这中间起到了的连接作用?这个中间因素是否对善因营销效果有直接影响,同时是否中介了契合度与态度和参与意愿之间的关系。因此,在下一节中研究二将进一步探讨消费者-慈善事件卷入度对善因营销效果的影响,特别是消费者态度和参与意愿的影响,以及它在契合度和消费者态度、参与意愿之间起到的中介作用。

3.4 消费者-慈善事件卷入度对善因营销效果的影响

在整个营销过程中，消费者对产品或事件的熟悉度、卷入度也决定了他们对企业善因营销活动的建构。朱翊敏等(2014)探讨了消费者产品熟悉度在对善因营销活动中的作用，也有的学者在研究企业社会责任时，将重点置于企业对善因活动的卷入度，有的则考察消费者对企业社会责任的卷入度[12,57]。但是针对善因营销活动中消费者-慈善事件卷入度却鲜有学者涉及，尚缺乏对于慈善事件卷入度如何决定善因营销活动的效果的研究，以及在此基础上，探讨消费者卷入度的中介作用。所以本章通过实验二进一步考察消费者-慈善事件卷入度对善因营销效果的影响，重点检验卷入度在契合度和消费者态度、参与意愿以及行为之间的中介效应，即进一步探究其中的作用机理。

3.4.1 消费者-慈善事件卷入度的内涵

卷入度对个体而言是指一个人的连接经历，是一种个人关联性，由某一刺激物激发的感知重要性或兴趣水平，是基于内在需要、价值观和兴趣而建立起来的。有关产品卷入度的研究相对较多，不是本章研究的重点，本章重点在于善因营销或企业社会责任研究中的卷入度。有部分学者已经开始探讨卷入度对企业社会责任活动效果的影响。如Berens 等学者研究发现消费者的产品卷入度调节了他们对企业社会责任和对产品态度之间的关系。消费者对慈善事件高低卷入度调节了善因营销对消费者态度和购买意愿的作用，此外，卷入度高低与捐赠高低如果达到匹配一致，也就是说卷入度高-捐赠高，卷入度低-捐赠低这两种情境下，善因营销对消费者态度和购买意愿的影响要明显大于普通营销手段。如果不匹配的情境下，普通营销手段的效果优于善因营销活动。Webb 和 Mohr 利用案例研究法，研究发现那些对慈善事件卷入度低的消费者，对善因营销活动反应较弱[194]。这是因为他们一般不愿意通过认知努力去深入了解善因营销活动，他们通常是通过简单的启发式(simple heuristics)对营销活动做出反应。

3.4.2 慈善事件卷入度对善因营销效果影响的假说

从有关慈善事件卷入度的研究发现，一些慈善事件相对缺乏吸引力，比如相对于扶贫和救助难民来说，帮助前列腺癌患者的慈善活动就缺乏普遍的关注，难以形成较高的消费者卷入度[39]。在日趋激烈的市场竞争中，如何激励事件卷入度较低的消费者更多的关注善因营销，是企业与慈善事业面临的重要问题之一(Sujo，2020)[47]。而卷入度对营销效果将产生怎么样的影响目前还没有学者特别展开研究，卷入度在契合度和消费者态度及购买意愿之间究竟起到什么样的作用目前还没有答案。

慈善事件卷入度在善因营销中的作用非常重要。这是因为：一方面，相对于那些卷入度低的个体而言，对事件卷入度较高的个体，更可能参与到善因营销活动当中。虽然这种预见非常明显，但是学术界还没有学者考察消费者-慈善事件卷入度的效果。另一方面，已有的善因营销活动影响因素研究中有部分学者提到过，卷入度的高低能够影响消费者对善因营销活动的感知，卷入度高的消费者能够提高对善因营销的感知。

在心理学和营销学中，不同学者根据研究的情境和对象不同对卷入度的定义也不尽相同，有的学者也称之为涉入度。他们通常认为，卷入度对个体而言是指一个人的连接经历，它也是一种个人关联性(personal relevance)的概念。所谓个人关联性是在某一特定情境下，由某一刺激物激发的感知重要性或兴趣水平，是基于内在需要、价值观和兴趣而建立起来的。例如产品卷入度，当购买房产等高价值产品时，消费者会认为该产品对其非常重要，所以会大量收集信息，慎重考虑。当购买低价值但非常感兴趣的产品时，也同样存在这种情况。因此，根据卷入度的概念化定义，事件卷入度则可以定义为消费者认为慈善事件对其的关联性程度，这种关联程度的建立可能来自过去经历的事件(如：某位亲人罹患过癌症)或者自己概念的一部分(如环境意识强的人认为废品回收活动对其关联度更高)。

尽管事件卷入度在善因营销研究中没有特别强调，但是在其他相关研究中，少数学者间接地考察了其效果及其重要性。Ellen 等学者认为已经发生的灾难情境比将发生的灾难对消费者更重要，这是因为消费者对已经发生的事件感知卷入度更高[194]。Lafferty 和 Goldsmith 研究发现，当事件对于消费者较重要时，他们的正向态度高于那些事件对其不是特别重要时的态度[195]。同广告宣传类似，善因营销宣传同样受到消费者卷入度的影响。理论上来看，较高水平的卷入度刺激消费者形成相应的较高的持久态度和行为。由此提出本书假说 2：

假说 2：消费者慈善事件卷入度越高，消费者对善因营销的态度(H2a)和参与意愿(H2b)也越大。

当消费者与慈善事件契合度高时，他们将特别关注善因营销中的重要观点和事件描述。同样，根据前面论述的详尽可能性模型(ELM)，消费者处理信息的方式会影响他们对刺激的态度和态度改变。当消费者-慈善事件契合度高时，他们将采用中央路径来进行深入认知。通过深入认知，能够提高自己与慈善事件的关联性和认同感，也能够增加消费者对事件的兴趣，因此，消费者的卷入度也必将提高。当契合度低时，他们将采用周边路径进行信息处理来解读善因营销中的重要观点和事件描述，此时，他们认为慈善事件与自己关联性较小，不认同慈善事件，也不能够引起消费者对事件的兴趣，因此消费者的事件卷入度也比较低。基于以上论述，可以提出本书假说 3：

假说 3：消费者慈善事件卷入度在契合度与善因营销效果之间起到了中介效应。

3.4.3 消费者-慈善事件卷入度对善因营销效果影响的实证检验

实验二重点验证消费者事件卷入度的中介效应及其对消费者态度和行为意愿的影响。这部分研究采用实验设计的方法来验证所提假说。

由于在高校中进行笔记本电脑推广非常普遍，也有很多品牌为了进行推广举办大学生创意大赛之类的赞助活动，所以预测试当中虚拟某个笔记本电脑品牌，这样一来模拟情境具有一定的可信度。消费者-慈善事件契合度的操控借鉴曹忠鹏等学者的品牌与消费者契合度的方法，请被试者选择某一个和自我非常接近（非常遥远）的善因营销活动，由于被试仍然是在校大学生，所以还是以关注大学生创新活动送温暖关爱孤寡老人为实验背景材料。实验过程仍然如实验一中所描述。因变量的测量过程中，增加了关于被试对慈善事件卷入度的测量，然后还包括对善因营销活动的态度和参与意愿[90]。

正式实验仍然采用 2 组（契合度：高，低）的组间实验设计，通过见数（Credamo）调研平台进行问卷的发放，最终有效样本为 126 名。全部样本人口统计特征如表 3-4 所示：

表 3-4 人口统计变量描述统计

特征	类别	人数	构成比/%	特征	类别	人数	构成比/%
性别	男	55	43.7	工作	学生	34	27
	女	71	56.3		国有企业	21	16.7
年龄	20 岁以下	2	1.6		事业单位	17	13.5
	21～25	45	35.7		公务员	9	7.1
	26～30	36	28.6		民营企业	35	27.8
	30～35	33	26.2		外资企业	10	7.9
	36 岁以上	10	7.9	收入	＜3 000 RMB	23	18.3
教育水平	高中及以下	9	7.1		3 000～5 000 RMB	25	19.8
	在校大学生	25	19.8		5 000～7 000 RMB	29	23
	学士学位	78	61.9		7 000～9 000 RMB	22	17.5
	在校硕士研究生	3	2.4		＞9 000 RMB	27	21.4
	硕士及以上	11	8.7				
合计		126	100	合计		126	100

(1) 信效度检验。消费者-慈善事件契合度、对善因营销活动的卷入度、参与营销活动态度和购买意愿的内部一致性系数 Cronbach's α 分别为 0.889,0.882,0.925 和 0.877,均大于 0.7,说明通过了信度检验。通过 KMO(Kaiser-Meyer-Olkin)和 Bartlett 的球形度检验得出 KMO 检验=0.906,近似卡方=1 238.209,显著性为 0.000,原有变量适合作因子分析。利用 SPSS 软件对四个构念的因子分析,结果表明,所有对应的测量题项都归于各自的因子,这表明全部测量量表具有一定的效度。然后分别对各构念计算其平均值进行后续的操控检验和假说验证。

(2) 操控检验。正式实验中,两种实验情境下,消费者-慈善事件契合度有显著差别($F(1,124)=62.693$,$P=0.000$),被试感知 361°关注大学生创新活动与自己的契合度($M=4.27$)显著大于他们感知送温暖关爱孤寡老人($M=3.22$)与自己的契合度,说明实验操控通过检验,操控成功。

(3)假说检验。通过相关分析来验证假说 2,将善因营销活动卷入度与消费者对善因营销活动态度和参与意愿进行线性回归分析,结果表明,卷入度与消费者态度($\beta=0.631$)和参与意愿($\beta=0.667$)都为正向影响并且在 0.05 的水平上达到了显著,假说 $2a$ 和假说 $2b$ 得到验证。

假说 3 主要考察善因营销活动中消费者的卷入度,以及这种卷入度在消费者-慈善事件契合度、消费者态度和参与意愿之间的中介效应。依据 Baron and Kenny 对中介效应检验的方法,结合温忠麟建议的步骤,研究首先明确自变量、因变量和中介变量。自变量为消费者-慈善事件契合度(FIT),因变量为消费者对善因营销活动的态度(ATT)和参与意愿(WTP),中介变量则为消费者对善因营销活动的卷入度(INV)。

(1) 检验自变量对因变量的影响作用。首先采用 SPSS 进行初步回归分析,发现自变量(消费者-慈善事件契合度)对因变量(营销态度)系数 c 显著,效应值为 $b_1=1.000$ ($P=0.000$);自变量(消费者-慈善事件契合度)对因变量(参与意愿)系数 c 显著,效应值为 $b_2=1.027$($P=0.000$),同时发现协变量(性别、年龄、学历、工作和收入)对营销态度和参与意愿的影响都不显著,详细结果如表 3-5 所示。

表 3-5　对因变量分层回归分析

	Model1		Model2		Model3	
	营销态度	参与意愿	营销态度	参与意愿	营销态度	参与意愿
常量	4.43	4.141	3.847	3.542	2.153	1.728
性别	−0.239	−0.342	−0.096	−0.195	−0.059	−0.156
年龄	0.003	0.006	−0.003	−0.003	−0.003	0.003

表 3-5(续)

	Model1		Model2		Model3	
教育水平	−0.051	−0.011	−0.028	0.012	−0.081	−0.045
工作	−0.058	0.008	−0.081	−0.015	−0.043	0.026
收入	−0.029	−0.08	0.035	−0.013	0.013	−0.037
契合度			1.000***	1.027***	0.488**	0.478***
卷入度					0.525***	0.562***
R^2	0.035	0.046	0.258	0.326	0.474	0.621
$\triangle R^2$	0.035	0.046	0.223	0.280	0.216	0.295
$\triangle F$	0.866	1.16	35.792***	49.407***	48.598***	92.094***

注：* 代表 $P<0.05$，** 代表 $p<0.01$，*** 代表 $P<0.001$。

(2) 检验自变量对中介变量的影响作用。同理，将契合度视为自变量，消费者对善因营销活动的卷入度作为因变量进行回归分析，分析结果表明，消费者-慈善事件契合度显著影响消费者的卷入度($B=0.975\ 2$，$t=5.670\ 4$，$P=0.000$)。

(3) 检验中介变量对因变量的影响作用。以消费者卷入度作为自变量，消费者态度和参与意愿作为因变量分别进行回归分析，回归结果表明，卷入度显著影响消费者态度($B=0.631$，$t=9.134$，$P=0.000$)和参与意愿($\beta=0.667$，$t=12.133$，$P=0.00$)。

(4) 中介效应检验。接着，按照 zhao 等(2010)提出的中介效应分析程序，参考 Hayes(2013)提出的 Bootstrap 方法进行中介效应检验，使用 Process 插件，将自变量(消费者-慈善事件契合度)、中介变量(卷入度)和因变量(营销态度)选入对应对话框，同时加入性别、年龄、学历、工作和收入协变量，选择模型 4，样本量选择 5 000，在 95% 的置信区间下，进行运行分析。结果显示，中介检验结果不包含 0(BootLLCI=0.252 8，BootULCI=0.859 6)，表明卷入度的中介效应显著，且中介效应值 $a\times b$ 大小为 0.511 8。此外控制了中介变量卷入度后，自变量消费者-慈善事件契合度(高 vs. 低)对因变量(营销态度)的影响效应值从 1.000 降低到 0.488 0($P=0.002\ 7$)，区间(LLCI=0.172 8，ULCI=0.803 3)不包括 0，因此卷入度在消费者-慈善事件契合度对营销态度的影响中发挥了不完全中介作用。

同样，将自变量(消费者-慈善事件契合度)、中介变量(卷入度)和因变量(参与意愿)选入对应对话框，同时加入性别、年龄、学历、工作和收入协变量，选择模型 4，样本量选择 5 000，在 95% 的置信区间下，进行运行分析。结果显示，中介检验结果不包含 0(BootLLCI=0.319 1，BootULCI=0.825 4)，表明卷入度的中介效应显著，且中介效应值 $a\times b$ 大小为 0.548 4。此外控制了中介变量卷入度后，自变量消费者-慈善事件契合度(高 vs. 低)对因变量(参与意愿)的影响的效应值从 1.027 降低到 0.478 4 (P=0.000 2),区间(LLCI=0.233 0,ULCI=0.723 7)不包括 0,因此卷入度在消费者-慈善事件契合度对参与意愿的影响中发挥了不完全中介作用。因此卷入度在契合度、消费者态度和参与意愿之间起到部分中介效应,所以假说 3 也得到了验证。

3.5 本章小结

善因营销效果的决定因素有很多,例如企业-消费者的契合度、品牌-消费者的契合度、品牌-慈善事件的契合度。但是针对消费者-慈善事件契合度的研究比较少。本章通过实验一考察了消费者-慈善事件契合度对消费者善因营销活动态度和参与意愿的影响,研究结果表明,契合度的主效应是显著的,根据信息处理理论中的精心似然模型,当契合度高时,消费者将采用中央路径来处理所接受到的善因营销活动的信息,当认知到善因营销活动的目的和宣传口号时,他们意识到自己的购买行为将实施于公益活动,为需要帮助的人提供帮助,因此对善因营销活动的态度和意愿也较高。当契合度低时,则采用边缘路径来处理信息,消费者没有清晰意识到自己的公益行为,所以对善因营销活动的态度和参与意愿也相对较低。为了进一步探究其中的作用机理,研究二进一步考察了消费者-慈善事件卷入度对善因营销效果的影响,重点检验了卷入度在契合度与态度和行为之间的中介效应。同理,借鉴信息处理理论中精心似然模型和卷入度理论,研究认为消费者对整个活动的卷入度不仅决定了消费者的态度和参与意愿。当契合度高时,消费者能够寻找到善因营销活动中与自己的关联性,而这种关联性更导致了他们对营销活动的态度和参与意愿的提高。契合度对善因营销效果的影响作用正是通过这种关联性,也就是消费者对事件卷入度的作用而产生影响,卷入度在契合度和消费者态度及参与意愿之间起到部分中介效应。

4 企业捐款形式及消费者感知诚意对善因营销效果的影响

4.1 研究问题的提出

随着社会进步和经济发展，企业承担一定的社会责任日益成为企业在日常营销活动中所要考虑的重要决策之一[21,79]。社会营销成为企业与消费者建立情感联结，使自己品牌区别于其他竞争者的主要手段[196-198]。如今，以企业捐款为代表的社会营销日趋盛行，许多企业愿意与慈善组织进行战略联盟，通过支持社会慈善事业、参与公益活动等来塑造企业正面形象。同时，也能促使消费者意识到企业为慈善事业做了一件有利于社会大众的事情，进而提升消费者对企业的感知形象，进而最终为企业带来市场份额和营销收入的增加[199-200]。

本章在第三章"消费者一慈善事件契合度及卷入度对善因营销效果的影响"研究的基础上，进一步探讨企业捐款形式及消费者感知诚意对善因营销效果的影响。本章在研究过程中不仅考察各组态要素对善因营销效果的影响作用，而且还考察了慈善事件卷入度和信息描述方式的影响作用，同时兼顾考虑了产品类型、消费者对产品卷入度和熟悉度在其中所起到的中介或调节作用。在此过程中，还特别控制了善因营销沟通信息对消费者响应的影响、营销宣传的侧重点以及沟通信息的信息框架效应等干扰变量[36,59]。

善因营销已然成为企业最愿意采取的社会营销活动形式[16,105]。尽管学者们已将三要素的契合度与营销沟通结合起来研究，但是善因营销捐款形式与品牌一慈善事件契合度等组态因素，如何对消费者响应产生影响却仍然没有得到足够重视。例如，消费者对清晰和模糊的捐款形式会产生如何的认知？在其中，契合度与捐款形式交互作用将如何影响消费者的响应？事实上，已有研究表明，模糊表述会让消费者误读，不透明的善因营销活动会让消费者产生怀疑，相反地，清晰表述会让消费者感知到慈善组织所能获取的利益以及自身做出的贡献，消费者在感知和购买方面回应企业的公益行为[201-203]。由此，本章重点探讨捐款形式（清晰 VS 模糊）与品牌一慈善事件契合度（高 VS 低）如何通过消费者的感知诚意影响其对善因营销的响应。

4.2 捐款形式对善因营销效果的影响

慈善事件捐款形式指的是企业在进行善因营销时宣称消费者购买产品后企业将向慈善组织捐赠售价或利润的一定比例或数量。捐款形式是企业实施善因营销非常常用的重要方式之一，企业开展善因营销活动，需要重视捐款的形式及额度[204-206]。捐款形式是在善因营销活动中企业特别设计一个捐款方式的慈善活动，在活动当中消费者通过购买公司产品或服务为企业创收，企业承诺将部分收入用于捐款的慈善事业。捐款形式有清晰和模糊两种，清晰的表述方式是企业准确说明为慈善事件捐赠的数量。Grau 等学者（2010）通过探索性研究发现，清晰的捐赠表达能够引发消费者对企业善因营销努力的正向评价，并认为企业看上去显得更真诚[158]。相反，如果企业对捐赠数量宣传比较模糊，消费者认为企业的善因营销努力没那么积极，企业的真诚大打折扣[207]。遗憾的是他们并没有进行实证检验。

当前善因营销活动中主要涉及企业（产品、品牌）、慈善事件和目标消费者等三个要素[57]。国内外学者也就这三个要素展开了大量的研究。Winterich 和 Barone（2011）将已有善因营销的文献进行了梳理，根据研究重点将其划分为四类：关注消费者个人特征、事件本身的特征、善因营销活动结果和善因营销的结构设计。在现有研究中，对于善因营销结构设计的成果最为丰富[65]。事实上，学者们通常将营销结构设计包括两类：一类是关于三要素之间契合度的研究，另一类则是营销沟通信息设计的研究[19]。在有关三要素契合度的研究中，大多学者考察了企业一慈善事件之间的契合度、慈善事件一品牌之间契合度、零售商一慈善事件契合度[208-210]。Vyravene 和 Rabbanee（2016）研究表明：企业与慈善事件如果有较高的契合度将增加消费者对捐赠企业的整体评价；企业的善因营销活动能够提高企业的可信度，也能够为企业负面事件进行一定的修补[193]。企业与慈善事件契合度能够提升消费者对企业能力的感知，曹忠鹏（2012）通过研究证实契合度对消费者购买意愿有显著影响，但是是通过品牌信任的中介作用。营销沟通信息的设计研究中，研究者发现信息框架(Chang，2008)、信息陈述方式对善因营销效果都产生影响[130,134]。信息沟通过程中不同信息展示方式对消费者来说是一种重要的信号。有的学者研究发现正面表达的信息比负面表达的信息更有效，但有的学者认为负面信息表达方式能带来更好的结果。例如 Maheswaran 和 Meyers-Levy(2018)用涉入度理论来解释框架效应出现的不一致效果，当消费者对营销沟通信息涉入度比较高时，他们认为信息对其很重要，于是会详细处理信息并且容易被信息说服，此时负面框架比正面框架效果好；相反，如果消费者对营销沟通信息涉入度低，他们主要是启发式边缘路径处理信息，因此不会认真对待信息，只进行简单的推理，此时正面框架好于负面框架，原因在于消费者信息处理的详细程度在其中起到了调节作用[99]。朱翊敏(2014)研究也发现，在善因营销中信息框架中文字表述(积极表述/消极表述)和图片呈现方式(突出企业/突出慈善事业)对消费者的响应都有显著效应[106]。

此外，根据心理意象理论(mental imagery theory)，个体对外部刺激的感知通常以相同的方式在工作记忆中进行知觉表征，也就是说消费者在接受到外部刺激时，会根据对刺激的感知进行信息处理，并以知觉表征的形式存储到工作记忆中。心理意象会根据刺激物的生动性和数量形成不同的感觉形态，描述详细的意象处理正向影响决策结果。在广告宣传研究的文献中也可以发现，在保持其他信息不变的情况下，一个具体的刺激相对于抽象的刺激更能正向提升行为意愿。根据以上论述，当善因营销宣传是以清晰数字表述时，信息的生动性远远超过模糊表述形式，因为消费者能够清楚、准确地知道自己购买每一个产品企业将为慈善事件捐赠多少钱；相反，当宣传信息是以模糊形式表述时，虽然从信息的数量上与清晰数字表述没有差别，但是生动性却差了许多，消费者不了解自己的购买行为能够为慈善事件做出多大的贡献。因此可以提出本书假说 3：

H3a：在善因营销沟通信息中，与企业的捐款形式表述模糊时相比，当企业的捐款形式表述清晰时，消费者对品牌的态度要显著高于前者。

H3b：在善因营销沟通信息中，与企业的捐款形式表述模糊时相比，当企业的捐款形式表述清晰时，消费者对产品的购买意愿要显著高于前者。

4.3 品牌一慈善事件契合度对善因营销效果的影响

社会营销中契合度通常是指消费者感知企业的产品线、品牌形象、定位与慈善事件有密切联系程度[155]。与契合度相类似的构念主要有匹配程度和一致性程度，这些构念多数来自于品牌和广告学文献。例如品牌延伸领域，消费者如果感知延伸产品和原有产品类别有一个较好的契合度，那么他们对延伸产品产生正向评价，相反如果延伸产品和原有产品类别契合度较差，消费者就会产生负面态度和评价。Basil 和 Herr(2010)发现广告中名人代言有效性与广告一产品契合度有密切关系，因此他们将这种契合度效果置于善因营销中进行考察，研究再次证明企业与事件契合度对促进慈善事件的推广和公司产品的销售有正向影响[196]。Chéron 等(2016)将契合度的效果进一步细化，他们认为功能契合比形象契合在善因营销中更加有效，消费者对这种契合也持正向响应[197]。朱翊敏(2014)也再次证明企业与慈善事件契合度正向影响消费者响应[59]。

网络记忆模型可以解释契合度对消费者响应的正向影响。记忆的形成是通过相互联系的网络重新组织知识，形成网络结构的全部节点存储了全部信息[152]。当消费者购买一个产品或品牌时，则需要从记忆中提取相应的信息来进行比较，最后产生购买行为和品牌识别[211,39]。品牌联结代表购买决策和品牌忠诚的基础，同时，品牌联结的建立需要一些特定条件。当一个企业或品牌与慈善事件联系在一起时，如果两者的契合度高则加深了消费者的认知处理过程，也将加强消费者的品牌联结[212-213]。这是因为做慈善事件的品牌与慈善事件密切联系才能建立起很强的品牌联结，也容易唤起消费者的品牌联结，进而产生较正向的消费者响应[48,214]。因此可以提出本书假说 4：

H4a：在善因营销沟通信息中，与品牌一慈善事件的契合度较低时相比，当品牌一慈善事件的契合度较高时，消费者对品牌的态度要高于前者。

H4b：在善因营销沟通信息中，与品牌一慈善事件的契合度较低时相比，当品牌一慈善事件的契合度较高时，消费者对产品的购买意愿要高于前者。

4.4　企业捐款形式和品牌一慈善事件契合度对善因营销效果的影响

消费者在面对多个可供选择的产品时通常使用几种线索来评价每一个产品的价值。根据线索一致性理论，当消费者使用多信息源的线索进行评价时，如果各线索之间能够一致或者相互印证，那么线索对消费者做决策影响作用非常大。相反，如果各线索之间不匹配，相互之间是分离的，那么对消费者的影响作用不大。一致性线索能够收到各线索相互累加的效果从而形成最后的评价，而当线索不一致时，个体可能只关注其中一个线索并根据这单独的线索来锚定其对产品的评价[155]。

在善因营销当中，捐款形式的清晰度和品牌一慈善事件契合度是两条不同的信息线索，当消费者对善因营销活动做出响应时将依赖这两个线索进行评价[215,47]。如果评价较高，则消费者响应正向。根据线索一致性理论，当清晰捐款形式和品牌一慈善事件高契合度组合在一起时可以代表一致性线索或相互补充印证的线索[216-217]，而模糊捐款形式和低契合度在一起时，虽然两者属于一致性的线索，但是相对于契合度高和清晰形式都属于负面线索，依据“负面效应”的相关研究成果[218,186]，人们在各种信息处理任务过程中，通常赋予负面信息更多的权重，锚定其接下来的感知并采取相应的行为，因此导致非常低的消费者响应[219,115]。另外，根据线索不一致理论，品牌一慈善事件契合度和捐款形式之间是不一致、分离的信息线索，例如模糊捐款形式和高契合度[220-221]、清晰捐款形式和低契合度都可能导致较低的消费者响应[41,133]。基于以上推理和论述，可以提出本书的假说5：

假说5：捐款形式和品牌一慈善事件契合度对消费者品牌态度（5a）和购买意愿（5b）的交互效应是显著的。

4.5 消费者感知企业诚意的中介作用

消费者感知赞助者诚意（sponsor sincerity）是指消费者对企业赞助动机真诚性的感知，有的学者也称之为利他主义或怀疑主义，类似构念最初是销售交易过程中消费者对劝说知识的评价，揣测销售人员隐藏的劝说动机[64,190]。如果消费者揣测销售人员劝说背后没有不可告人的动机时，他们认为销售人员是真诚的，有诚意的；如果消费者揣测销售人员只是为了劝说，则认为他们的动机没有诚意[210,222]。过去已有学者探讨消费者对企业慈善事件活动的态度和参与意愿部分取决于消费者揣测企业诚意，契合度越高消费者对企业的动机感知[157,223]和善因评价越正向[13,224]。

由于企业与事件较低的契合度能够让消费者产生不符感（discrepancy），这种不相符促使消费者进行归因。根据基模理论（dchema theory），不一致的信息能够刺激认知评价和精心思考[225]，心理学的许多研究都证明不相符能够导致精心的处理过程[129,159]。因此当企业与慈善事件契合度较低时，消费者自然会怀疑企业善因营销的动机，认为企业是出于利己动机[226-227]，是出于自私目的或迫于压力才做的慈善活动，企业的诚意是较低的，所以消费者品牌态度和购买意愿也相对较低[228]。相反，当消费者感知企业与慈善事件有较高的契合度时，他们则认为企业是利他动机，是出于真心进行公益慈善活动[157,229]，他们的品牌态度和购买也较高[229,157]。

面对不同捐款形式时，具体的捐款形式不仅生动，而且还有利于消费者推测企业的利己和利他动机[230]。如果捐款中明确说出捐赠金额，消费者则清晰知道企业对慈善组织贡献的大小，认为企业是真诚的，所以消费者品牌态度和购买意愿也较高。但是，如果消费者面对的是模糊的捐款形式，消费者不知道企业到底为慈善组织做了多大贡献，因此认为企业的捐赠行为没有诚意，于是消费者品牌态度和购买意愿较低。基于以上论述，可以提出本书假说 6。

假说 6a：消费者感知企业诚意将中介捐款形式（契合度）对消费者品牌态度的影响。

假说 6b：消费者感知企业诚意将中介捐款形式（契合度）对消费者购买意愿的影响。

本章的整体研究概念框架如图 4-1 所示：

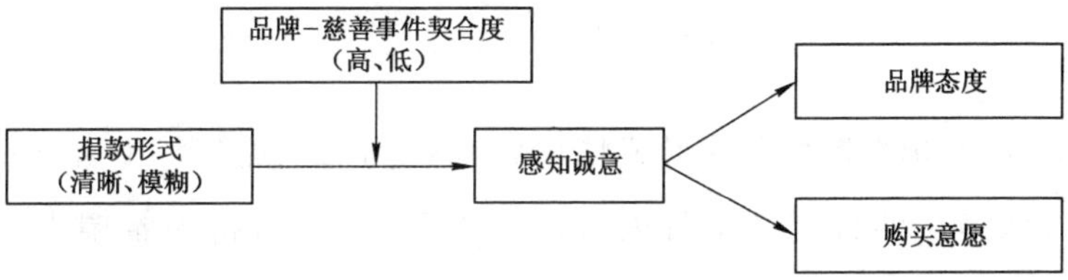

图 4-1　捐款形式、契合度对消费者响应及感知诚意中介作用的概念框架

4.6　研究方法及实验设计

研究将采用实验的方法来收集数据，实验采用 2（捐款形式：清晰 VS 模糊）×2（品牌一慈善事件契合度：高 VS 低）组间因子实验设计。详细的具体步骤如下：

在开始正式实验之前，进行预实验来确定背景材料。通过对在校大学生访谈了解到，如今大学生特别注重运动，对运动品牌非常熟悉和了解。选择运动品牌作为实验背景，研究虚拟某个运动品牌 A，之所以没有使用已有运动品牌，是为了减少被试品牌熟悉度对实验效果的干扰。在预调查还发现，文体不分家，体育品牌非常适合为希望小学捐款或购买文体用品，这也符合现实中很多体育品牌的公益行为，而购买慢病防治则显得不那么合适。于是，通过该品牌支持不同慈善活动来操控品牌一慈善事件契合度，高契合情境是向希望工程小学捐款用于购买文体用品，低契合情境是向慢病防治健康行公益活动捐款用于购买防治用具。通过“您认为该企业的形象、宣传口号、产品定位和慈善活动匹配的程度”等题项进行测量，量表为李克特 7 点尺度。此外，几乎所有学生都认为捐赠“2 元”比捐赠“部分收入”更加清晰和明确。

实验通过见数平台采用问卷的形式，问卷一开始就是有关实验说明，要求参与者必须认真阅读才可回答接下来的问题，此外强调所有作答都将予以保密。随后让参与者想象他们走进当地一家运动商场，看到某品牌 A 专卖店正在进行慈善活动。详细情况请见附录相关内容。

根据预实验确定的捐款形式和契合度背景，实验按照契合度（高、低）和捐款形式（清晰、模糊），共分为四种情境，详细情况如图 4-2 所示。

捐款形式		契合度：高	契合度：低
	清晰	第一类：捐款形式清晰，契合度高	第二类：捐款形式清晰，契含度低
	模糊	第三类：捐款形式模糊 契合度高	第四类：捐款形式模糊 契合度低

图 4-2　捐款形式、契合度的四种组合情景

其中，高契合度和清晰的捐款形式情境将描述为“运动品牌 A 为丰富希望工程小学课后娱乐活动，承诺从即日起 6 个月内每销售 1 双运动鞋，将为希望小学捐 2 元钱用于购买文体用品”；低契合度和模糊的捐款形式情境将描述为“运动品牌 A 为广大市民预防和治疗慢病，承诺从即日起 6 个月内每销售 1 双运动鞋将部分收入捐赠给慢病防治健康行公益活动用于购买慢病防治用具”，另外 2 种实验情境则以此类推。参与者还将阅读有关希望工程和慢病防治健康行的具体介绍来了解慈善事件。阅读完这些内容后参与者将完成契合度、捐款形式操控检验的测量，以及感知企业诚意、品牌态度、购买意愿的测量。最后参与者将回答一些诸如性别、年龄、可支配支出等分类信息。

捐款形式的操控借鉴广告诉求中消费者感知模糊的测量量表，用 3 个语义差异题项来进行测量，如 A 品牌宣传活动说明得很模糊——详细；很宽泛——具体；信息很无用——有用。接下来用 2 个题项测量品牌－慈善事件契合度操控是否成功。如我认为 A 品牌为希望工程捐款购买文体用具/给慢病防治健康行公益活动捐款购买慢病防治用具非常合适；我认为给希望工程捐款购买文体用具/给慢病防治健康行公益活动捐款购买慢病防治用具对于 A 品牌来说再合适不过了，其中 1 代表非常不同意，7 代表非常同意。感知诚意则采用 Speed 和 Thompson 的测量量表（Speed & Thompson，2000），类似题项如“A 品牌是真心想为希望工程做贡献”等；消费者品牌态度和购买意愿参考曹忠鹏等学者的测量量表（曹忠鹏等，2012）[210,23]。

4.7　实验结果及假说检验

本研究共计设计了 4 种版本问卷，通过见数(credamo)调研平台进行问卷的发放，共计发放问卷 170 份，回收 168 份有效问卷，剔除了 2 份无效问卷，在此基础上进行后续相关的数据分析。

其中，全部样本人口统计特征如表 4-1 所示。

表 4-1　人口统计变量描述统计

特征	类别	人数	构成比/%	特征	类别	人数	构成比/%
性别	男	64	38.1	工作	学生	39	23.2
	女	104	61.9		国有企业	30	17.9
年龄	30 岁以下	5	3		事业单位	26	15.5
	21～25	42	25		公务员	2	1.2
	26～30	54	32.1		民营企业	65	38.7
	30～35	49	29.2		外资企业	6	3.6
	36 岁以上	18	10.7	收入	＜3 000 RMB	30	17.9
教育水平	高中及以下	14	8.3		3 000～5 000 RMB	30	17.9
	在校大学生	27	16.1		5 000～7 000 RMB	25	14.9
	学士学位	97	57.7		7 000～9 000 RMB	40	23.8
	在校硕士研究生	8	4.8		＞9 000 RMB	43	25.6
	硕士及以上	22	13.1				
合计		168	100	合计		168	100

(1) 信度和效度检验

研究利用 SPSS22.0 软件对收集的数据进行分析。首先，采用 Cronbach's α 系数对量表的内部一致性信度进行检验。品牌-事件契合度、捐款形式、感知诚意、消费者品牌态度和购买意愿的 Cronbach's α 系数分别为 0.911、0.926、0.885、0.887、0.875，都超过门槛值 0.7，因此所有量表的内部一致性信度都通过检验。5 个量表都是根据成熟的量表按实际情景进行改编，保证量表的表面效度。通过因子分析对 5 个构念进行分析，结果表明，5 个量表整体 KMO 为 0.918，且每个量表 KMO 都大于 0.5，说明各量表比较适合进行因子分析。5 个构念的测量题项中，所有相应的题项都归于各自的因子，这表明全部构念的测量量表具有一定的效度。

(2) 实验操控及假说检验

① 实验操控检验

利用方差分析对实验操控和假说进行检验。通过方差分析发现，捐款形式的操控中清晰组和模糊组的感知清晰性存在显著差异（M 清晰组＝5.83＞M 模糊组＝3.58，$F(1,166)=255.758$，$P=0.000$，$\eta^2=0.606$），因此捐款形式操控是成功的；品牌-事件契合度的操控中两组消费者对契合度的感知也存在显著差异（M 高契合组＝5.67＞M 低契合组＝3.82，$F(1,166)=143.456$，$P=0.000$，$\eta^2=0.464$），说明实验成功地操控了品牌-事件契合度。

② 假说检验

为了初步了解自变量（捐款形式）、调节变量（契合度）对因变量（品牌态度、购买意愿）的影响情况，本研究首先采用分层回归进行检验。结果发现，在控制人口统计变量的情况下，捐款形式对因变量（品牌态度、购买意愿）都有显著的正向影响，且他们的交互性显著，详细情况如表 4-2 所示。

表 4-2　对因变量的分层回归分析

	Model1		Model2		Model3		Model4	
	品牌态度	购买意愿	品牌态度	购买意愿	品牌态度	购买意愿	品牌态度	购买意愿
常量	5.103	5.017	4.669	4.644	4.093	4.05	4.254	4.156
性别	0.06	0.084	0.032	0.06	−0.062	−0.037	−0.05	−0.029
年龄	−0.004	−0.009	0.001	−0.005	0.001	−0.005	0.002	−0.004
教育水平	−0.066	0.04	−0.07	0.037	−0.099	0.007	−0.1	0.006
工作	0.109*	0.09	0.085	0.069	0.057	0.041	0.045	0.033
收入	−0.027	−0.037	−0.021	−0.032	0.032	0.023	0.034	0.025
捐款形式			0.752***	0.646***	0.763***	0.658***	0.436**	0.442**
契合度					1.207***	1.245***	0.877***	1.027***
捐款形式×契合度							0.662**	0.436*
R2	0.033	0.024	0.180	0.129	0.556	0.517	0.585	0.529
ΔR2	0.033	0.024	0.147	0.105	0.377	0.388	0.028	0.012
ΔF	1.105	0.803	28.757***	19.348***	135.887***	128.547***	10.898**	4.027*

注：*代表 $p<0.05$，**代表 $p<0.01$，****代表 $p<0.001$。

下面具体讨论模型自变量、调节变量、中介变量和因变量之间的关系。

(1) 品牌态度和购买意愿。以捐款形式（清晰，模糊）和品牌-事件契合度（高，低）作为自变量，消费者品牌态度和购买意愿作为因变量进行方差分析，多元方差分析结果的详细情况如表 4-3 所示。

表 4-3 多元方差分析与假说检验结果

自变量	因变量	自由度	均方	*F* 值	*P* 值	偏 Eta 方	检验结果
捐款形式	*M*_attb	1	25.157	59.965	0	0.268	支持假说 4a
	*M*_int	1	19.001	39.598	0	0.194	支持假说 4b
契合度	*M*_attb	1	60.708	144.71	0	0.469	支持假说 5a
	*M*_int	1	65.001	135.46	0	0.452	支持假说 5b
捐款形式×契合度	*M*_attb	1	5.023	11.974	0.001	0.068	支持假说 6a
	*M*_int	1	2.263	4.717	0.031	0.028	支持假说 6b

注：$M_{\_\text{attb}}$ 表示品牌态度；$M_{\_\text{int}}$ 购买意愿。

从表 4-3 中可以看到，捐款形式和品牌-事件契合度对两个因变量的主效应分别都是显著，由此假说 4、5 和假说 6 都得到了验证。

在上述基础上，进一步探讨捐款形式对品牌态度/购买意愿的主效应的详细情况如图 4-3 所示。

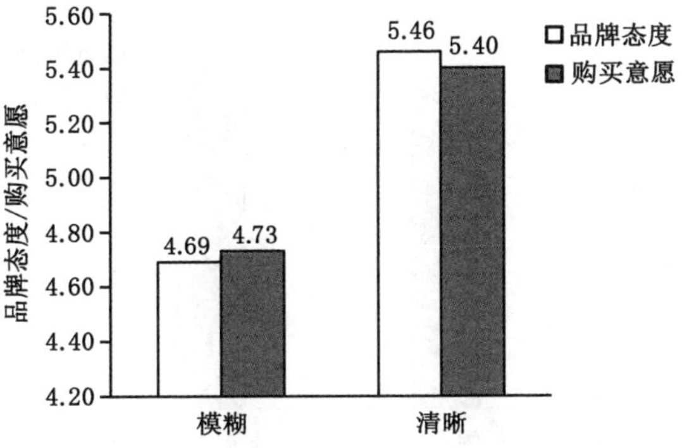

图 4-3 捐款形式对品牌态度/购买意愿的主效应

从图 4-3 中进一步比较可以看出，对于品牌态度，捐款形式为清晰时消费者品牌态度 $M_{\_\text{attb清晰}}=5.464\,8$，显著大于捐款形式为模糊时消费者品牌态度 $M_{\_\text{attb模糊}}=4.690\,8$ 的品牌态度（$F(1,166)=59.965$，$P=0.000$）。因此假说 4*a* 得到验证。对于购买意愿，$M_{\_\text{int清晰}}=5.404\,8>M_{\_\text{int模糊}}=4.732\,1$，（$F(1,166)=39.598$，$P=0.000$），假说 4*b* 也得到支持。

当契合度高时消费者品牌态度 $M_{\_\text{attb高契合}}=5.678\,9>M_{\_\text{attb低契合}}=4.476\,7$，$F(1,166)=144.71$，$P=0.000$，假说 5*a* 得到验证；当契合度高时消费者购买意愿 $M_{\_\text{int高契合}}=5.690\,5>M_{\_\text{int低契合}}=4.446\,4$，$F(1,166)=135.46$，$P=0.000$）假说 5*b* 得到验证。

捐款形式和品牌-事件契合度对消费者品牌态度的交互效应同样是显著的 $F(1,166)=11.974, P=0.001$；对购买意愿 $F(1,166)=4.717, P=0.031$。因此假说 6*a* 得以验证，同理假说 6*b* 也得到支持。此外，通过偏 Eta 方可以比较捐款形式和契合度对消费者响应的效果大小，整体来说契合度的效应(0.469 和 0.452)大于捐款形式的效应(0.268 和 0.194)，两者的交互效应显著(0.068 和 0.028)，具体交互效应如图 4-4 和 4-5 所示。

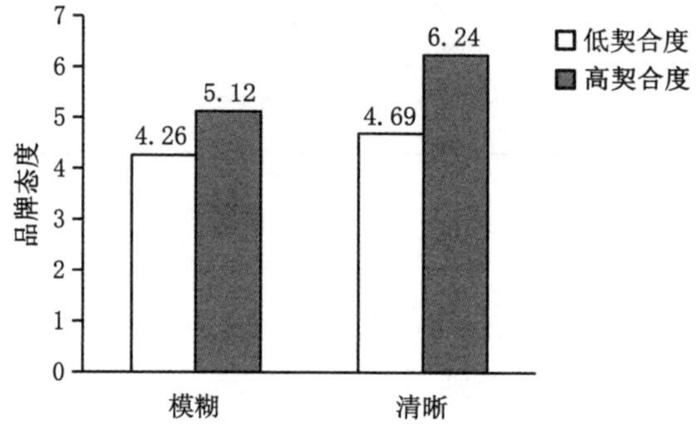

图 4-4　捐款形式和契合度对品牌态度的交互效应

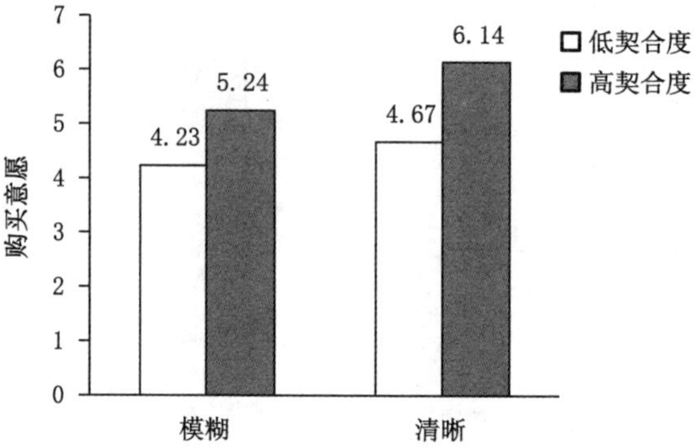

图 4-5　捐款形式和契合度对购买意愿的交互效应

由于假说 6 主要考察消费者感知诚意在捐款形式和品牌-事件契合度对消费者品牌态度和购买意愿影响作用的中介效应。参照 Hayes(2013)提出的有调节的中介模型(process model 7)进行 Bootstrap 检验，样本量选择 5 000。在 95%的置信区间下，将捐款形式设为自变量，品牌-事件契合度设为调节变量，感知诚意设为中介变量，将品牌态度设为因变量，同时控制了性别、年龄、职业、学历和收入等相关变量。若置信区间不包含 0，说明感知诚意中介了捐款形式和品牌-事件契合度对消费者品牌态度影响作用。

结果显示，捐款形式和品牌-事件契合度的交互作用显著影响消费者的感知诚意(path$a=0.5674$，SE$=0.1835$，$t=3.0930$，$P=0.0023<0.01$)；感知诚意 (path$b_1=$

0.862 1，$SE=0.044\ 0$，$t=19.608\ 2$，$P<0.001$)又显著影响消费者的品牌态度。同时，结果显示，感知诚意的中介作用显著（LLCI=0.160 7，ULCI=0.813 1，不包含 0)，效应系数为 0.489 2。说明感知诚意在捐款形式和品牌-事件契合度的交互作用中发挥了中介效应，并且当中介效应存在时，直接效应区间不包含 0(LLCI=0.030 3，ULCI=0.352 1)，效应系数为 0.191 2，说明感知诚意具有部分中介效应，感知诚意的中介效应如图 4-6 和表 4-4 所示，假说 6a 得到了验证。

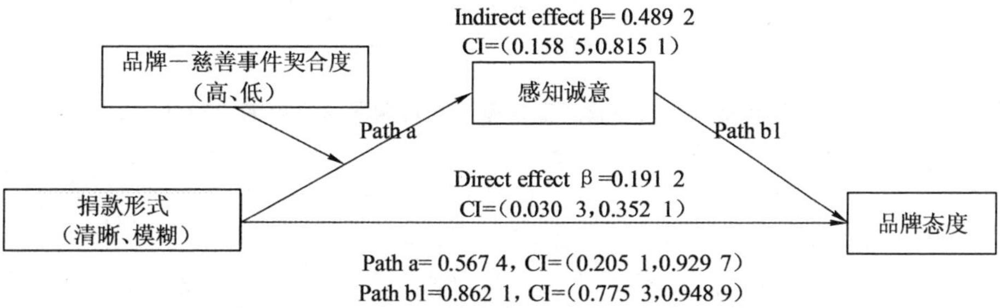

图 4-6 感知诚意的中介效应(1)

表 4-4 调节变量下感知诚意在捐款形式对品牌态度影响的中介效应

效应类型	中介变量	调节变量	效应大小	标准 SE	t 值	显著性	95%置信区间 CI	
							LLCI	ULCI
直接效应	—	—	0.191 2	0.081 5	2.346 6	$P=0.020\ 2$	0.030 3	0.352 1
中介效应	感知诚意	低契合度	0.329 2	0.110 4	—	不包含 0	0.126 7	0.557 6
		高契合度	0.818 4	0.136 7	—	不包含 0	0.566 1	1.102 1

同样，对于购买意愿执行相同的程序，结果显示，捐款形式和品牌-事件契合度的交互作用显著影响消费者的感知诚意(Path $a=0.567\ 4$，$SE=0.183\ 5$，$t=3.093\ 0$，$P=0.002\ 3<0.01$)；感知诚意(Path $b2=0.838\ 4$，$SE=0.053\ 1$，$t=15.782\ 3$，$P<0.001$)又显著影响消费者的购买意愿。同时，结果显示，感知诚意的中介作用显著（LLCI=0.166 6，ULCI=0.805 5，不包含 0)，效应系数为 0.475 7。说明感知诚意在捐款形式和品牌-事件契合度的交互作用中发挥了中介效应，并且当中介效应存在时，直接效应区间包含 0(LLCI=−0.093 8，ULCI=0.295 0)，效应系数为 0.100 6(LLCI=−0.093 8，ULCI=0.295 0，$P=0.308\ 4>0.05$)，说明感知诚意具有完全中介效应。因此感知诚意在捐款形式与消费者品牌态度和参与购买意愿之间起到部分中介效应，感知诚意的中介效应如图 4-7 和表 4-5 所示假说 6b 也得到支持。

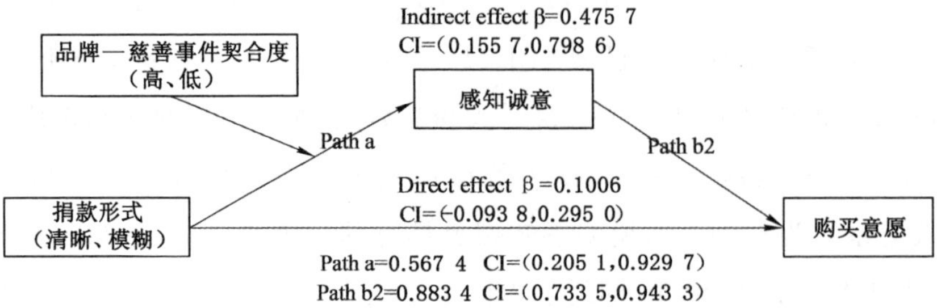

图 4-7 感知诚意的中介效应(2)

表 4-5 调节变量下感知诚意在捐款形式对购买意愿影响的中介效应

效应类型	中介变量	调节变量	效应大小	标准 SE	*t* 值	显著性	95%置信区间 CI	
							LLCI	ULCI
直接效应	—	—	0.100 6	0.098 4	1.021 8	P=0.308 4	−0.093 8	0.295 0
中介效应	感知诚意	低契合度	0.320 1	0.109 4	—	不包含 0	0.125 9	0.555 5
		高契合度	0.795 8	0.142 6	—	不包含 0	0.539 9	1.090 7

4.8 本章小结

本章研究了捐款形式和品牌-事件契合度对消费者响应的影响及感知诚意在其中起到的中介作用，得出以下四点结论：第一，在善因营销中，企业捐款形式如果采用清晰表达形式时，消费者品牌态度和购买意愿显著大于采用模糊形式宣传；第二，在善因营销中，如果品牌与事件契合度高时，消费者品牌态度和购买意愿显著大于品牌-事件契合度低时；第三，在善因营销中，捐款形式和品牌一慈善事件契合度共同对消费者品牌态度和购买意愿产生影响，也就是说二者的交互效应是显著的。具体来说，当捐款形式为清晰与契合度高时，消费者对品牌态度和购买意愿最高；而捐款形式模糊与契合度低时，消费者对品牌态度和购买意愿最低，其余情境下消费者对品牌态度和购买意愿中等水平；第四，感知诚意在捐款形式和契合度与消费者品牌态度和购买意愿之间起到部分中介作用。

研究结论能够为企业进行善因营销沟通、制定善因营销策略提供一定的借鉴和启示。

第一，企业在进行善因营销沟通时，由于品牌与事件契合度对消费者响应的效应大于捐款形式，企业在选择不同类型慈善事件时，如果选择与自己产品、品牌、形象或定位契合度高的公益组织进行合作。例如，运动品牌与文化教育类公益组织相结合，医疗企业与健康公益组织合作等，消费者认为两者的结合是恰当合适的，因此更相信企业是出于做慈善的诚意，而不是为了促销商品，从而影响消费者对品牌的正向态度和购买意愿。

第二，在考虑捐款形式的宣传诉求时，清晰明确的表述比模糊笼统的表述更能够激起消费者对企业诚意的感知，从而影响对品牌正向态度和购买意愿。因此，向消费者宣传慈善诉求时，清晰的诉求比模糊的诉求效果要好。企业应该让消费者清楚地了解到每购买一个产品企业将向公益组织赞助多少钱，“多少钱”的表述一定要清晰明确。例如1分、5分、1角，等等，而不能笼统地说成“将一定数额”或“部分收入”捐赠给某慈善组织。

第三，在善因营销活动中，企业可以同时考虑捐款形式和契合度共同对消费者响应的影响，两个因素不仅单独对品牌态度和购买意愿有显著作用，二者的交互作用也非常明显。也就是说清晰捐款形式与高契合度不是简单的主效应相加，而是能产生较高的消费者正向响应。因此，企业不仅要清晰精确宣传公益活动，还要争取与自己品牌契合度高的公益组织进行合作，这样才能达到善因营销的良好效果。

5 善因营销中慈善信息传播的机制研究:基于传染病模型

通过第三章和第四章对于“消费者-慈善事件契合度”等组态因素对善因营销效果影响的实证研究,不难发现企业实施善因营销战略能否成功,的确会受到很多因素的影响。企业策划慈善活动,然后通过广告、公关等手段将慈善活动和相关的善因营销的信息传播出去,都是以打动消费者为目的,从而实现企业的利润目标。事实上,消费者是否接受企业在善因营销中推行的善因活动,从而被企业打动去购买该企业的产品或服务,归根结底还是要取决于慈善信息给消费者造成的影响是正面的还是负面的。商业社会中的企业固然有着各不相同的多重目标,但是营利都是其生存的基本前提。就算是非营利机构,不以营利为目的,但是要从政府或社会等其他方面获取运营经费。所以说,企业追逐利益是永恒定律,也是企业参与社会公益活动的动力之一。

企业要达到上述经济利益和社会利益目标,关键还要看消费者是否愿意为企业善因营销活动“买单”,而消费者能否“买单”取决于善因营销活动的感染力,这个感染力很大程度上是靠慈善信息传播的“质量”,包括传播速度、传播对象、传播媒介等多方面的质量。因为实施善因营销的企业不是做单方面的慈善捐助,而是期待在进行慈善活动的同时,产生较好的营销效果。单就慈善捐赠来说,是让人敬佩的,但是如果将希望寄托于个人的道德爱心层面,不仅是规模受限,而且也会难以久远,这与善因营销的目标及理念是不统一的。基于互惠互利的交换关系的善因营销,是一种在企业、慈善组织、消费者等多方的良性合作中,各取所需,彼此倚重。因此,在善因营销战略实施的过程中,慈善信息能够准确地得以传播,善因事件才能够有效地被推进,从而帮助更多的民众获益,更多的企业也才能够从善因营销获得中获得营销回报,企业媒体曝光率也会得到提高,企业或产品的美誉度与知名度也会得到提升,最后的销售量也会随之增加。

由此,本章在前文研究的基础上,基于传染病模型,首先,以"鸿星尔克驰援武汉"的微博信息为例,分析"单一慈善消息的传播过程";其次,以"鸿星尔克驰援武汉""361°驰援河南共渡难关"两条微博信息为例,研究相似慈善信息出现后对前一条慈善消息产生的影响;再次,以企业捐赠、明星个人捐赠、研究不同类型慈善信息传播差异性情况,进一步探究善因营销中慈善信息传播的一般特征。本章相关研究成果将对掌握慈善信息传播的机制具有较为重要的意义。

5.1　善因营销信息传播方式

5.1.1　善因营销信息传播的类型

肯德基(KFC)曾经进行过这样一项善因营销活动,公司做出这样的允诺,将修补肯塔基州 Louisville 街道上的所有塌陷坑。作为回报,公司可以在新修好的路面上印上"由 KFC 翻新(Re-freshed by KFC)"的字样。显而易见,这些字也不是永远放着,在一次狂风暴雨之后,这些字可能不复存在了。肯德基的这一善因营销活动受到了当时政府的高度欢迎,主要是因为政府预算吃紧,全国好多城市因为道路修补而筹集不到资金。当地所在城市 Louisville 市市长公开称赞道:"非常荣幸,能有 KFC 这样的有爱心企业提供这样富有创意的政企合作项目"。尽管这一活动在短时间内不能给肯德基的销售带来多少贡献,但是它将会使社会公众对 KFC 产生好感,尤其是人们在大街上遇到这些塌陷的坑,而没法通行的时候。除了 Louisville 市,肯德基公司也继续寻求跟其他的城市进行这样的合作,又从这些愿意合作的城市中选取了 4、5 个城市免费道路修补,都取得了较好的反响,对于提升 KFC 的企业形象有着较大的促进作用。

除了肯德基的慈善信息成功传播并获得应有的回报的经典案例外,还有一些企业利用慈善信息和善因事件,帮助企业成功地树立企业品牌形象、提升企业社会形象。当然并非所有企业开展善因营销活动都是成功的,有些企业从善因营销活动中的回报甚微。例如,Jens Bang 是一家从事善因品牌公司的总裁,他认为,由于金融界和世界金融中心经常会爆出一些丑闻,从而使得消费者的疑心比较重,这就造成了当企业推销人员很难与其目标客户群体建立起可以信任的合作关系。Adomaviciute et al. (2016)研究指出,营销人员往往通过善因营销来提升美誉度,构建品牌权益,只不过有的公司只注重片面地帮助弱势群体[231-232]。Carrie et al. (2013)对系列善因营销案例进行对比研究后认为,像星巴克花费大量的时间来帮助奥尔良重建,但是效果一般,与此相对应,肯德基却能在大量免费的新闻报道中得到了巨大的收益[233]。由此可见,慈善信息传播的方式很多,方法也多种多样,产生的效果就截然不同。

通过对前人相关文献进行系统梳理,发现学者们一般将善因营销信息传播划分为以下六种类型:

(1) 销量决定型。Cathy et al.(2018)研究指出,销量决定型传播是公司将产品的销量与公司所应该担当的社会责任量挂钩,产品销量与企业捐赠成正相关关系[234-236]。善因营销的祖师 American Express 公司在发家的时候就是运用了这一方法手段。1981年运通公司赞助修葺“自由女神像”,结果是当社会民众在使用运通卡的时候,公司就捐赠 1 美分或者捐赠 1 美元。农夫山泉公司也是如此,也采取这样的方式,只要民众购买了矿泉水,农夫山泉就会捐赠 1 分钱。

(2) 公益事业冠名型。Chéron E. et al.(2012)研究指出,公益事业冠名型就是通过公益活动来给公司或产品冠名,这是最常用的做法[237-240]。比如,宝洁公司在全国各地共建成“宝洁希望小学”75 所,就是这种类型。上文提到的肯德基翻新标注“Refreshed by KFC”字样就是这样的做法,这种方法与传统的冠名法相比,显然更具创意性。中国人寿慈善基金会先后开展了健康新村工程、助学支教、助养因灾致孤儿童(汶川地震、舟曲泥石流、玉树地震和鲁甸地震)等一大批注重长远的公益项目。2019 年,为进一步整合全系统的公益慈善资源,基金会调整至中国人寿保险(集团)公司统筹管理,并成为中国人寿履行社会责任、开展公益慈善的核心平台。2020 年基金会第一时间向武汉市慈善总会捐赠资金,积极驰援抗击新冠疫情。

(3) 义卖捐赠型。Eastman et al.(2019)研究指出,这种类型是指公司举行义卖活动,而最后把义卖的销售收入全部捐赠出去[241]。2003 年,上海乐购商业流通集团与宝洁公司合作举行了一次义卖活动,两家公司合作举办了“希望无价”义卖活动,在活动开展的 1 个月时间内超市所卖出的洗衣粉、方便面或者“希望无价”T 恤衫等特定商品,这些销售收入全部捐赠给了中国青少年发展基金会,这些捐款主要用于修建希望小学。又如,2020 年 11 月 5 日,在泉州人才“港湾计划”——晋江市第四届海峡菁英人才节开幕式上,晋江籍青年作家许晋杭捐资赠物,将其新书,由人民日报出版社出版的《演讲力》前期义卖所得 100 万元捐赠给晋江市英林心公益慈善基金会,用实际行动回报桑梓。

(4) 抽奖捐赠型。Enrique et al.(2021)研究指出,这种类型是通过举办抽奖活动,最后把所有的中奖奖金以购买者的身份捐赠出去[37]。2003 年夏天,海信的一个品牌冰箱首次开卖时,就是采取了这样的抽奖捐赠模式。只要是消费者购买了这种冰箱,就能参加这个抽奖活动,公司最后把所有的中奖奖金全部以消费者的身份捐赠出去。例如,2018年11月3日,IG战队为LPL赛区赢得了2018全球总决赛的冠军奖杯后,Baolan为庆祝自己夺冠,采取公益抽奖的方式回馈所有关爱自己的人。方法就是抽出一位粉丝,并且以粉丝的名义在百万森林计划中捐赠出8888棵树。Baolan的这次抽奖回馈,体现了这名不到20岁的年轻人的高情商。在收获了巨大荣誉后,Baolan并没有因此得意忘形,更没有在抽奖中一掷千金,反而以公益的形式来与粉丝互动,一方面让粉丝们感受到自己的关心,另一方面也带动了公益事业,为粉丝们做出了良好的榜样。

(5) 主题活动型。Folse et al.(2020)研究指出,主题活动型就是通过举办组织主题活动的形式,将活动所获得资金捐献给社会,这种方式意义重大、主题鲜明[242-243]。西安杨森在1996年,与中国扶贫基金会的代表和新闻记者一起把公司高管、销售人员组织起来,举办了30.8公里的健康新长征主题活动。高管和销售人员每个人每走3.08公里,公司就给井冈山人民捐款308元人民币。此外,2020年4月23日"世界读书日"当天,"易烊千玺图书馆"为了让家乡的人们免费阅读到更多的优质书籍,易烊千玺工作室授权怀化市志愿者协会建立了这家图书馆。它发出了第一条微博,为大家揭开了图书馆建立的初衷,这也正是易烊千玺的心声:"纸质书散发出浓浓的墨香,可以让内心和文字之间归于宁静。开卷有益,墨香扑鼻,纸书更悦目。没有什么能够阻挡我们对读书的向往。"

(6) 设立基金或奖项型。在世界范围内,有不少大型公司都组建基金会,当然是用自己公司的名字作为基金会的名称。比如肯德基公司设立的"中国肯德基曙光基金"。在我国,公司自己不能组建基金会,但可以设立奖项。由共青团上海市委员会指导,共青团普陀区委员会支持,复星基金会、保德信金融集团与复星保德信人寿联合主办,上海中学生报、齐鲁晚报等全国多家媒体机构共同参与的"2019复星保德信青少年社区志愿奖",即为鼓励青年积极参与公益项目。

5.1.2 善因营销信息传播的途径

Hong等(2020)研究指出,信息传播失败的原因很多:没有足够的媒体,信息未能传播出去;目标听众或观众也许接收到了信息,但是由于文化的差异,未能理解信息;目标听众或观众虽然接收到并且理解了信息,但是因为营销者没有正确地评估目标市场的需求或思维过程而毫无效果,等等。正是由于影响善因营销传播效果因素如此之多,所以企业不能忽略任何可控因素[244-247]。事实上,信息沟通过程由信息源、编码、信息渠道、解码、信息接收者、信息反馈以及噪声(诸如竞争活动混乱无法控制、不可预料的影响因素、其他干扰等)等七部分组成,任何一部分最终都会影响信息传播的效果和准确性。同时,由于信息传播的过程并不简单只是通过媒体向接收者发送一个信息,有效的信息发送者和接收者心理上要有所认同。不能想当然地认为某产品在一个国家畅销,那么该产品就一定会在另一个国家也必然畅销。同理,也不能想当然地认为某一信息传播路径在某国有效,在另一个国家也同样有效。即使信息是正确的,编码过程也可能会出现问题,在这一过程中,诸如颜色、时间、价值观、信仰、幽默、口味、代言人等是否合适等因素都可能会导致信息编码错误[248-251]。

正是由于善因营销信息传播的媒体领域在不断变化,信息传播的途径也在不断扩大,正在从传统媒体(报纸、杂志、电话、广播、电视)中逐渐向互联网、微信、微博、短视频平台等新社交媒体和自媒体等新的传播途径转变。因此,企业在选择善因营销信息传播的途径时,要结合企业产品特点、品牌知名度、企业的公信度、是否跨国营销等诸多因素去选择合适的途径,如表 5-1 中列示了若干国家的媒体渗透率。

表 5-1 若干国家的媒体渗透率 单位:千人

国家	有线电视	卫星电视	电话	互联网用户	日报
美国	255	284	645	621	196
加拿大	253	280	548	707	168
阿根廷	163	169	237	206	40
德国	251	283	668	513	291
波兰	94	117	332	368	102
以色列	190	258	420	647	250
南非	58	96	97	93	25
中国	75	57	318	244	59
日本	193	182	455	538	566
澳大利亚	76	102	574	770	161

资料来源:作者根据 Euromonitor(World Bank,2017)中相关资料加以整理。

随着信息时代的发展,信息技术不断创新,互联网、微信、微博、短视频平台等新社交媒体和自媒体传播途径的利用率越来越高,成为企业宣传慈善事件信息的重要途径,这些新社交媒体和自媒体的使用越来越得到消费者和企业的欢迎,互联网成为善因营销信息传播的重要媒介,社交网络、微信、博客、视频直播平台等也越来越成为企业强有力的营销平台,很多企业跟踪并参与消费者的在线交流[252]。因此,结合数据的可获取性,本章选择微博平台作为代表,用传染病模型分析以"驰援河南"为代表的微博慈善信息传播特点。

5.2 “单一慈善信息传播过程”模型的建立与求解

关于慈善信息在社会上传播的问题,由于传播渠道较多,所以可类比为传染病的传播,依据信息传播机理,考虑使用具有传播特征的扩散模型。原因在于由于传染病在传播过程中有若干个不同阶段,因而对信息传播的不同阶段的不同状态构建微分方程组,并且求解。根据所解结果对信息传播接受者的数量进行预测,从而得出慈善信息在慈善事件中的传播过程,最后引入残差进行检验。由此,本节选取“鸿星尔克驰援河南”微博慈善信息(https://m.weibo.cn/ 2171593110/ 4661454088968882)为例,在此背景下,通过对数据进行处理,将信息的相关数据进行表述和归纳,分析单一慈善信息的传播过程,探究慈善信息传播的规律及特征。

5.2.1 模型假设、符号说明及原始数据来源

结合善因营销信息传播的实际情况和可获得的数据,为了保证模型求解的合理性、准确性,特进行假设如下:

(1) 暂不考虑人口的死亡率和出生率,模型中的总人口数假定为常数;

(2) 信息的生命周期内,网络用户人数不变,为常数,即 $N(t)=k$;

(3) 当易感染者与感染者接触时,就有可能被感染。

传染病传播模型往往是根据感染疾病的个体状态,把感染群体状态划分为几种不同的类型。比较经典的划分,是把感染群体分为三种状态类型:

① 易感染状态 S(susceptible)。这种状态下的群体可能会感染疾病,一般开始时基本上都处于这种状态;

② 已感染状态 I(infected)。这种状态下的群体说明已感染疾病,而且这个群体中的个体已经具有传染性,还会传染给其他易感染的个体;

③ 免疫状态 R(removed,refractory 或 recovered)。又称之为恢复状态或者移除状态,这种状态下的个体有三种可能:对疾病免疫,已感染一段时间后产生了抗体而不再被感染,感染后免疫。

为方便模型的求解,对符号做出解释说明,详细情况如表 5-2 所示。

表 5-2 符号说明

符 号	说 明
$TE(t)$	t 时刻潜伏者变为感染者的数量
m	新信息的转化率
α	信息的传染率
N	种群的总数
$D(t)$	免疫者
$E(t)$	潜伏者
$S(t)$	易感种群
I	感染的群体
$aI(t)/N$	出现免疫的人群的数量
W	信息个体对接收的潜在个体的有效接触率

关于传染病模型对于信息传播的应用，对相关名词的解释如表 5-3 所示。

表 5-3 相关名词的解释

名 词	解 释
病毒感染者	具有传播慈善信息能力的个体
潜伏者	还未接受慈善信息的个体
传染病模型	新领域中的含义
病毒	被传播的慈善信息
易感者	接受慈善信息的潜在个体
免疫者	接受慈善信息但并不传播的个体

某条慈善信息在社会上传播，社会的传播过程大同小异，本节选取较为典型的社会平台——微博，假设信息传播的途径是微博。在微博上，用户主要是通过微博相互发信息来传递信息。本书针对四个名词进行指标量化界定：病毒感染者、病毒、易感者、免疫者。如果一个微博用户发布的信息被其粉丝看到，那么该粉丝就可能转发微博信息，从而使得更多人知道，那么此发布者被称为具有传播能力的个体，即病毒感染者；如果一个用户看到并转发了此条消息，该条慈善消息的转发量即代表被传播的慈善信息的数量，即病毒；如果一个用户看到了此信息，并且选择了点赞，那么这类人群即接收了此条信息，但其有选择是否传播的权利，此类用户被称为易感者；如果某一用户接收了此条信息，但选择不传播，即选择点赞、但却不转发的人群，这类用户就被称为“免疫用户”。

相关的原始数据来源于一手真实数据，具体而言，主要选取新浪微博平台中，鸿星尔克官方微博于 2021 年 7 月 21 日 17 点 54 分发布的“驰援河南”慈善信息（https://m.weibo.cn/2171593110/4661454088968882),对其进行为期一个月(从2021年7月21日17点54分至8月21日17点54分)的数据监测,通过每日于微博平台上定时截取17点53分数据,进行为期30日的数据监测,最终得到30组原始调查数据,具体情况如表5-4所示。

表5-4　鸿星尔克官方微博发布“驰援河南”慈善消息的原始监测数据

日期	转发量	评论量	点赞量
2021/7/21	13483	2403	44273
2021/7/22	41816	10633	189457
2021/7/23	75585	20820	1148628
2021/7/24	87006	31007	2107800
2021/7/25	109462	41194	3066971
2021/7/26	132733	51381	4026143
2021/7/27	148607	71839	4931710
2021/7/28	156238	99107	6018349
2021/7/29	159829	131718	6916749
2021/7/30	163242	168931	7829482
2021/7/31	166483	203129	8592048
2021/8/1	169677	234152	8953653
2021/8/2	172658	236576	8977317
2021/8/3	175509	238999	9000982
2021/8/4	178222	241422	9024646
2021/8/5	180803	243845	9048311
2021/8/6	183254	246268	9071975
2021/8/7	185573	248692	9095640
2021/8/8	187767	251115	9119304
2021/8/9	189848	253538	9142969
2021/8/10	191761	255961	9166633
2021/8/11	193543	258384	9190298
2021/8/12	195156	260808	9213962
2021/8/13	196668	263231	9237627
2021/8/14	198149	265654	9261291
2021/8/15	199490	268077	9284956
2021/8/16	200683	270500	9308620
2021/8/17	201706	272924	9332285
2021/8/18	202420	274193	9355949
2021/8/19	203056	278913	9374518

5.2.2 数据的分析与预处理

微博这一信息传播方式可以用一棵“树”来表示，原始信息为根节点，通过微博中的粉丝点赞、转发和评论等三种关系就可以生成一棵信息传播树，话题的传播可以看作为信息的传播，微博用户关系如图 5-1 所示。

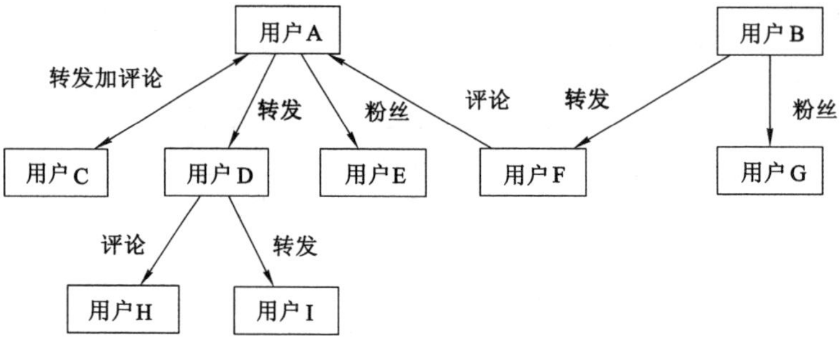

图 5-1　微博用户关系示意图

图 5-1 中用户 A 和 B 为根节点，C、D、E、F 都是 A 的粉丝，而 C 和 D 转发了 A 的话题及微博，C 在转发的时候还对 A 进行了评论，F 也评论了这个微博信息，F 同时也是 B 的粉丝，他转发了 B 的话题及微博，用户 E 没有转发也没有评论，他是该条微博用户 A 的粉丝，用户 H 和 I 都是 D 的粉丝，G 是 B 的粉丝。

根据上面所述微博信息传播的特征，可以发现微博信息传播和传染病传播有相似性。微博用户在发布某条微博信息后，其粉丝就会在微博上看到此微博，也有可能转发，有可能不转发。完整的微博关系用户中，易感人群存在被感染病毒的可能性。而没有处于潜伏状态的人群则成为易感人群，就这样周而复始、循环往复。此外，随着时间的增长，易感人群数量会逐渐减少，系统从而进入一个稳定状态。

对于人群而言，根据附录中提供的数据可以利用截至当天未处于感染状态的个数和截至当天总累计的个数得到易感种群 $S(t)$ 、潜伏群体 $E(t)$ 、感染者 $I(t)$ 及免疫者 $D(t)$ ，此处免疫者表示已感染但不传播人数，利用公式(5-1)和式(5-2)进行计算：

$$E(t)=I(t+2)+Q(t+2)-[I(t)+Q] \tag{5-1}$$

$$S(t)=N-E(t) \tag{5-2}$$

其中，N 是指该种群的总数，即微博月活跃人数。

根据调查数据得到每天对应的易感微博用户数量 $S(t)$ ，每天潜伏微博用户 $E(t)$ ，每天处于感染状态的微博用户数量 $I(t)$ ，每天处于免疫状态的微博用户数量 $D(t)$ 。

使用 0～1 分部对数据进行标准化处理，标准化处理的公式为(5-3)所示：

$$
\begin{cases}
x'_{ij}=\begin{cases}\dfrac{x_{ij}-\overline{x}_j}{S_j}, S_j\neq 0\\ 0, \qquad\quad S_j=0\end{cases} \qquad (i=1\cdots\cdots n, j=1\cdots\cdots m)\\
\overline{x}_j=\dfrac{1}{n}\sum\limits_{i=1}^{1}x_{ij}\\
S_j=\sqrt{\dfrac{\sum\limits_{i=1}^{1}(x_{ij}-\overline{x}_j)^2}{n-1}}
\end{cases}
\tag{5-3}
$$

运用 SPSS 22.0 软件按公式(5-3)对数据进行标准化处理,从而得到一个月内“鸿星尔克驰援河南”慈善信息在微博平台中的变化趋势,详细情况如图 5-2 所示。

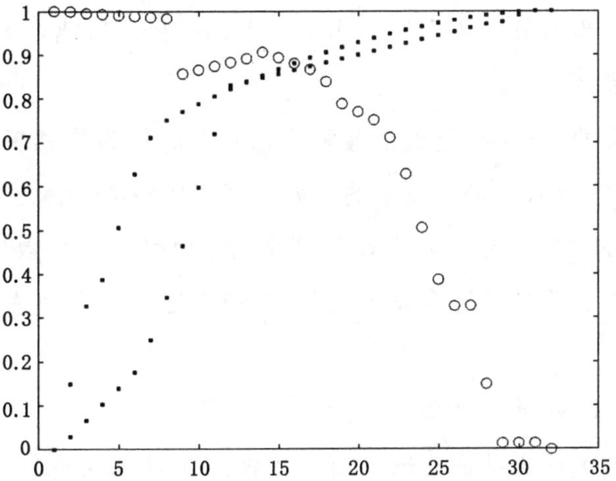

图 5-2　一个月内“鸿星尔克驰援河南”慈善信息在微博平台的变化趋势

在图 5-2 中,横坐标代表时间,纵坐标代表人数(万人)。数据截止时间节点为 2021 年 8 月 21 日 17 点 54 分,红色线表示的是易感染用户的个数,蓝色线代表的是感染用户的个数,黄色线表示的是免疫用户的个数。不难发现,随着时间推移,处于免疫状态的用户数在不断减少,而感染总数和易感个数不断增大,但增幅逐渐放缓。在慈善信息传播整个过程中,易感人群有可能被传播信息,当易感人群变为潜伏人群后,被移除预测范围的人群。

5.2.3　SEID 模型的建立

根据已知的慈善信息的疾病生态学知识,考虑到慈善信息本身具有传播速率高、潜伏期短,并且整个过程是动态的,而微分方程对传播动力学过程可以较好地描述。人们通常分析一种传染病,常见的模型是 SIR 模型。该模型主要是基于对易感群、感染群、移出群这三个仓室来构建模型，分析他们的变化关系，在本书中，使用该模型，只能一般性地分析出疫情变化。

针对慈善信息的传播，在查阅相关文献资料后，可发现其在感染前期会有个潜伏期。而这段时间，SIR 模型并不能较为全面地显示出疫情变化，SIR 隔离模型的传染机制如图 5-3 所示。

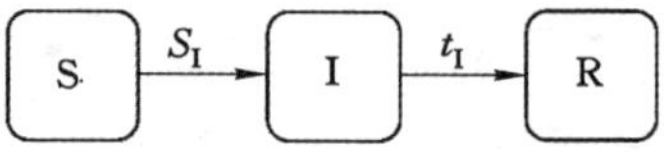

图 5-3　SIR 隔离模型的传染机制

本书在传统的 SIR 传染病模型的基础上进行一定的改进，将种群规模由原来的 3 个流行病学仓室进一步划分为 4 个流行病学仓室，分别为：易感者 $S(t)$ 、潜伏者 $E(t)$ 、感染者 $I(t)$ 、免疫者 $D(t)$ 。

把还没有被感染的、身体状况处于健康状态的人群作为易感者 S，在该群中相互没有接触的时候，病毒的传播性是比较弱的。如果将非接触的个体之间的传播效率看成 0 的话截至 2021 年 7 月 21 日晚 7 点，整个微博平台中月活跃用户数量为 3.92 亿人次，易感者与感染者有效接触后其状态会发生变化，但却不是立刻变为感染者，而是先成为潜伏者。

① 易感者 $S(t)$ 的数量变化率

易感者理解为易于接受新信息的人群。令使用微博的总人群为 N，信息的传染率为 α，则在 t 时刻，易感者变为处于潜伏期的病毒感染者的概率为 $aI(t)/N$ ，即在 t 时刻易感者 $S(t)$ 的数量变化率为：

$$\frac{\mathrm{d}S}{\mathrm{d}t}=\frac{aI(t)}{N} \tag{5-4}$$

② 潜伏者 $E(t)$ 的数量变化率

潜伏者可理解为未接受新信息的人群。在易感者变为潜伏者的同时，也有一部分的潜伏者会变为感染者。令慈善信息的平均潜伏期为 $1/T$，即人群从病毒携带者变为感染者的变化率为 T，则在 t 时刻潜伏者变为感染者的数量为 $TE(t)$，所以在 t 时刻潜伏者 $E(t)$ 的数量变化率为：

$$\frac{\mathrm{d}E}{\mathrm{d}t}=\frac{aI(t)S(t)}{N}-TE(t) \tag{5-5}$$

③ 感染者 $I(t)$ 数量变化率

感染者可理解为已经接收新信息的人群。在慈善信息潜伏者感染的同时，在微博中也会有一部分的感染者出现免疫的情况。令人群的数量为 γ,则出现免疫的人群的数量为 $I(t)$ 。

所以在 t 时刻感染者 $I(t)$ 的数量变化率为:

$$\frac{\mathrm{d}I}{\mathrm{d}t}=TE(t)-\gamma I(t) \tag{5-6}$$

④ 免疫者 $D(t)$ 的数量变化率

免疫者可理解为已经接受新信息但还未做出传播行为的微博用户。在 t 时刻微博中,免疫者 $D(t)$ 的数量变化率为:

$$\frac{\mathrm{d}D}{\mathrm{d}t}=\gamma I(t) \tag{5-7}$$

因为在信息扩散阶段的传播方式与 SIR 模型中的传染病扩散方式有比较大的区别,例如,信息传播有一定记忆性,而疾病传播就没有;信息传播有社会加强作用,而疾病传播就没有;对一条信息传播来说,每条链接往往只用一次,而疾病传播可以用很多次。

出于对以上三点思考,本书在扩散阶段选取隐马尔科夫模型。其不同点主要为:

① 信息传播活性随时间推移会快速衰减,而疾病传播一般不会;

② 信息传播中传播力不同,传播模式也不同,而疾病传播中的接触强度仅仅只能造成传播概率有一定不同;

③ 信息传播受信息内容影响比较大,并且每次传播激活的有效网络也不同;

④ 信息传播中传播者的不同角色存在一定差异;

⑤ 信息传播有一定记忆效应,前期的信息接触会带来影响;

⑥ 信息传播还有社会加强作用,也就是说一加一大于二,譬如一个谎言同时出现在两个地方,其说服力要高于仅仅出现在一个地方;

⑦ 信息传播中的一条链接往往只用一次。

隐马尔科夫模型(HiddenMarkovModel,HMM),是马尔科夫链的一种统计分析模型,尽管我们不能直接观察到具体的状态,但是我们一般通过使用观测向量序列来观察它,是双重随机过程,每个观测向量要想表现为不同的状态,往往都是通过某些概率密度分布来表现,这些观测向量往往也是产生于对应的概率密度分布的状态序列。即是具有一定状态数的隐马尔科夫链和显示随机函数集。HMM 模型类模可以拟出三种天气:小雨、多云和晴天。尽管三种天气之间没有比较系统的关联性,隐马尔科夫模型则是来探讨这三种天气对海藻湿度的影响。如图 5-4 所示。

在本书中,各隐藏状态的指代对象如表 5-5 所示。

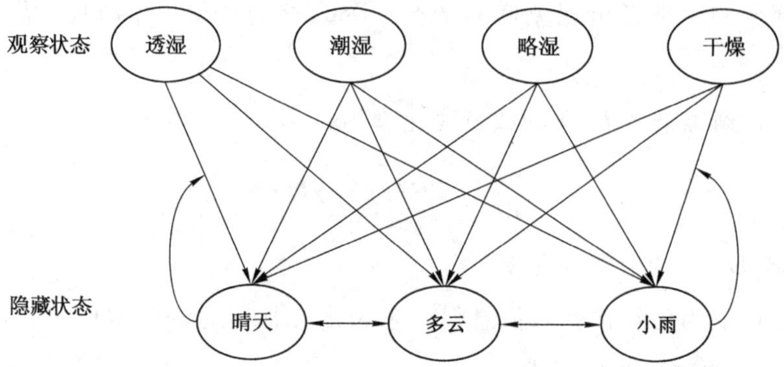

图 5-4　隐马尔科夫效果模拟图

表 5-5　隐藏状态表

隐藏状态	指代对象
晴天	已经接收到信息并愿意扩散信息的人群，即转发人次
多云	对信息感兴趣但还未接到信息的人群，即话题讨论人数
小雨	对信息不感兴趣的人群，即微博月活跃人数与话题讨论人次的差额

各隐藏状态（信息的不同类型受众）分别会对海藻（信息的传递）产生影响。选用此模型的优点就在于考虑到了对信息不感兴趣的程度不同对信息传播的不同影响，将对信息不感兴趣的人群细分，这正是 SIR 模型所欠缺的。隐马尔科夫模型具体建立过程如下：

构建一阶马尔科夫链：

$$P(X_{n+1}=x \mid X_1,\cdots,X_n)=P(X_{n+1}=x \mid X_n) \tag{5-8}$$

建立混淆矩阵：

$$\text{weather}\begin{matrix}\text{Sun}\\ \text{Cloud}\\ \text{Rain}\end{matrix}\begin{bmatrix}\text{Dry} & \text{Dryish} & \text{Damp} & \text{Soggy}\\ 0.60 & 0.20 & 0.15 & 0.05\\ 0.25 & 0.25 & 0.25 & 0.25\\ 0.05 & 0.10 & 0.35 & 0.50\end{bmatrix} \tag{5-9}$$

将数据带入混淆矩阵，经 Matlab 运算得到观察状态，以及其与隐藏状态间的概率关系，然后对其进行分析即可。

5.2.4　SEID 模型的具体求解

依据 SIR 模型对信息扩散的界定，编写相关微分方程来求解，为了使求解数据科学易懂，使用 Matlab 拟合传播过程曲线，为了使本书所建立的模型更接地气，本书通过查阅大量相关信息扩散模型文献，对模型中的几个自变量进行了定义，结果如图 5-5 和 5-6 所示：

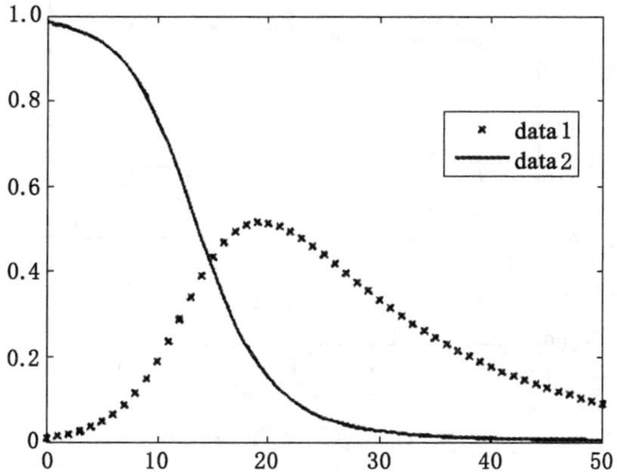

图 5-5 I_t、S_t 趋势图

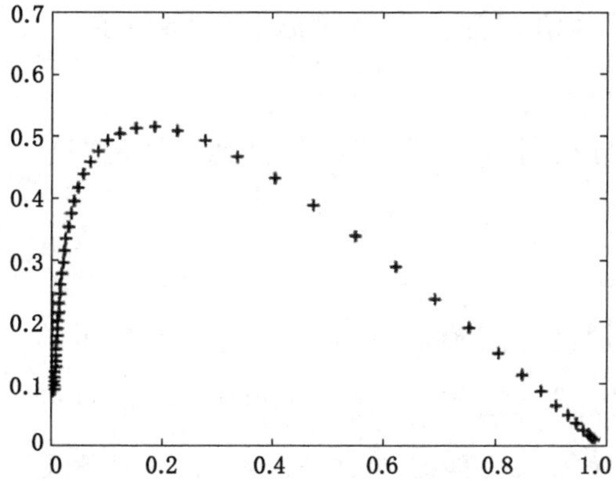

图 5-6 R_t 趋势图

其中，data1 为 I_t 曲线，data2 为 S_t 曲线，从图 5-5 和 5-6 中可以看出，I_t 曲线从左起呈上升趋势，对应了信息传播过程中，初期得到信息的自媒体数量不断增加，在 $t=20$ 时，I 达到最大值，然后不断减少。S_t 曲线则一直呈现单调递减，对应了信息传播过程中，不知道信息的人会越来越少。此外，图 5-6 为 R_t 曲线，在 0～0.2 过程中，R_t 曲线是不断上升的，说明信息在传播的过程中，随着了解“鸿星尔克驰援河南”(https://m.weibo.cn/2171593110/4661454088968882)这一慈善消息的自媒体数量越来越多，势必会出现对该信息不感兴趣的自媒体平台，即其他事件关注媒体，与此同时，它们的数量也就会呈上升趋势。而当 0.2t 时，数据的离散程度偏大，已经与实际情况不符合，于是本书选取了隐马尔科夫算法对这个进行修正与补充。

经 Matlab 计算，隐马尔科夫模型的研究结果分析如图 5-7 所示。

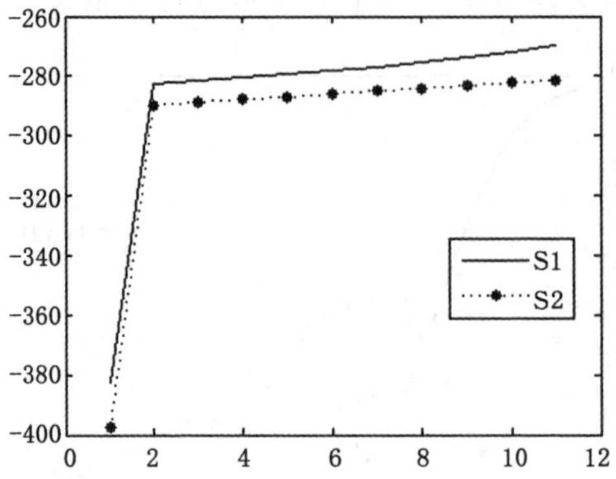

图 5-7　迭代结果折线图

根据隐马尔科夫模型理想状态可知：$i<|500|$为模型的理想状态，此时模型的稳定性和精确度较高，由 Matlab 拟合折线可观，随机生成的 1311 实验观察矩阵对象的行迭代值不断减小，并逐渐于 0 值。符合本书对离散的隐马尔科夫模型在扩散期到消亡期的预期。

所以本书通过上述分析过程得到“鸿星尔克驰援河南”这一慈善消息的传播过程有以下几个阶段和特征：

[传播阶段]

“鸿星尔克驰援河南”这一慈善消息从一个或多个自媒体平台上传出，开始在自媒体上通过阅读和转发的方式飞速传播，在此期间，慈善信息的传播折线呈上升趋势，虽然可能会因为某些原因导致其传播过程有些波动，但不影响它整体的上升趋势。

[扩散阶段]

“鸿星尔克驰援河南”这一慈善消息在各个自媒体间在飞速传播，虽然慈善信息的传播曲线仍呈上升趋势，但幅度已经小于上个阶段，并且受时间等因素影响，上升幅度会逐渐缩小。

[消散阶段]

“鸿星尔克驰援河南”这一慈善信息在经过传播与扩散两个阶段后，受时间和受众的因素影响，慈善信息的传播开始进入消散阶段，该阶段慈善信息的传播速度渐渐变小，直到趋向负无穷。

为提高本书结果的准确程度，本书以鸿星尔克官方微博于 2021 年 7 月 21 日 17 点 54 分发布的“驰援河南”慈善信息，对其进行为期一个月（从 7 月 21 日 17 点 54 分至 8 月 21 日 17 点 54 分）话题微指数监测，使用 Matlab 绘制相关数据折线图，详细情况如图 5-8 所示。

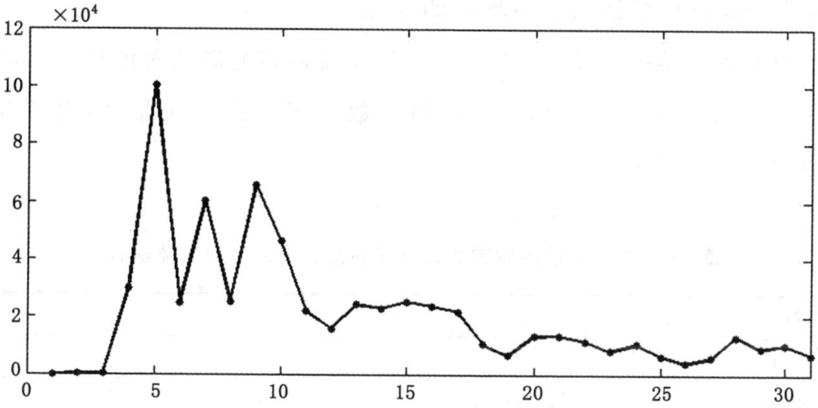

图 5-8　信息热度指数图

从图 5-8 中的信息热度指数图可以看出,当"鸿星尔克驰援河南"这一慈善信息传播时间 t 的范围在 0～5 时,信息热度直线攀升至最高,显示"鸿星尔克驰援河南"这一慈善消息在传播的第一阶段,即 t 的范围处于 0～5 时,显示出高速度与爆发性的特点。当 t 的范围在 5～11 时,随着类似信息的大量涌入,"鸿星尔克驰援河南"这一慈善消息的信息热度开始呈现小范围波动下降,但仍保持着较高的热度,扩散到更广的范围,符合第二阶段范围广、上升幅度逐渐缩小的特点。而当 t 的范围在 11～30 时,"鸿星尔克驰援河南"这一慈善信息的热度明显锐减,其后也一直保持着低热度趋向最小值 0,符合最后消散阶段的特点。

5.3　"相似慈善信息影响"模型的建立与求解

5.3.1　"相似慈善信息影响"模型中数据的准备

慈善信息出现并被公众所开始重点关注后,其他品牌关注到此条慈善信息带来的营销效应,开始纷纷效仿,希望借此为企业带来更多营销效益。由此,基于前文的数学模型,以"鸿星尔克驰援河南""361°驰援河南共渡难关"两条微博信息为例,研究相似慈善信息出现后对前一条慈善消息产生的影响。

在"相似慈善信息影响"模型的建立与求解过程中,需要结合单一慈善信息传播趋势,考虑到由于在新信息出现的不同时期对原信息的影响程度不一样,因而可以时间为轴,以高峰期为界,高峰期前面的为前期,高峰期后面的为后期,建立微分方程模型,分别描述信息传播前期和后期的趋势,然后修正方程组,解方程组,作出趋势图,最后根据趋势图来分析传播过程在新信息出现后的变化。

本节以 361°运动品牌于 2021 年 20 点 38 分发布的类似慈善消息(https:// m. weibo. cn/ 1768294591/ 4661495109785593)进行数据定时截取式监测,得到 30 组原始数据,详细情况如表 5-6 所示。

表 5-6　361°运动品牌官方微博发布慈善消息的原始监测数据

日期	转发	评论	点赞
7 月 21 日	36341	11472	107849
7 月 22 日	36411	11479	107910
7 月 23 日	36495	11489	108320
7 月 24 日	36523	11499	108729
7 月 25 日	36579	11509	109139
7 月 26 日	36637	11519	109548
7 月 27 日	36677	11538	109935
7 月 28 日	36696	11565	110399
7 月 29 日	36705	11596	110782
7 月 30 日	36713	11632	111172
7 月 31 日	36721	11665	111497
8 月 1 日	36729	11695	111652
8 月 2 日	36737	11697	111662
8 月 3 日	36744	11700	111672
8 月 4 日	36751	11702	111682
8 月 5 日	36757	11704	111692
8 月 6 日	36763	11707	111702
8 月 7 日	36769	11709	111712
8 月 8 日	36774	11711	111722
8 月 9 日	36779	11714	111732
8 月 10 日	36784	11716	111743
8 月 11 日	36789	11718	111753
8 月 12 日	36793	11721	111763
8 月 13 日	36796	11723	111773
8 月 14 日	36800	11725	111783
8 月 15 日	36803	11728	111793
8 月 16 日	36806	11730	111803
8 月 17 日	36809	11732	111813
8 月 18 日	36811	11734	111823
8 月 19 日	36812	11738	111831

5.3.2 “相似慈善信息影响”模型的建立及改进

利用问题 1 建立的微分方程组对虚拟微博 t 时刻易感者 $S(t)$ 、潜伏者 $E(t)$ 、感染者 $I(t)$ 和免疫者 $D(t)$ 的数量变化率的深层分析，本书建立以下的微分方程组，具体情况如公式(5-10)所示：

$$\begin{cases} \frac{\mathrm{d}S}{\mathrm{d}t} = -\frac{\alpha I(t)S(t)}{N} \\ \frac{\mathrm{d}E}{\mathrm{d}t} = -\frac{\alpha I(t)S(t)}{N} - TE(t) \\ \frac{\mathrm{d}I}{\mathrm{d}t} = TE(t) - \gamma I(t) \\ \frac{\mathrm{d}D}{\mathrm{d}t} = \gamma I(t) \end{cases} \tag{5-10}$$

利用 Matlab 软件编程，把得到的几个参数值和初始值代入微分方程组后求解，预测出的感染群体 I 的每天的变化值的预测图像如图 5-9 所示。

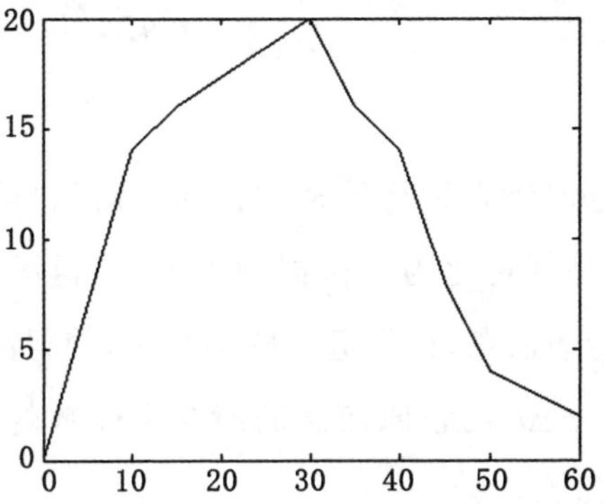

图 5-9　感染人数的变化值的预测图

由于新的信息出现的时期不同，对该条信息的影响不同，因此本书对时间进行分类，以高峰期为界线划分，高峰期前为前期，后为后期。如果在前期出现新信息，那么群众的目光就会被该信息高度吸引，对新信息的关注度会增强，新信息会替代原信息进行扩散，原信息的传播速率会不断减小。如果在后期出现新信息，群众都已经知道了有关信息，新出现的信息已经没有了吸引力，对老信息的转发也相应地就会减少。

综上可知，361°运动品牌由于发布了与鸿星尔克高度关联的新信息，就会引起易感群数量的变化，致使易感群进入潜伏群的数量也会随之发生相应变化，所以本书就对模型一的易感群与潜伏群的微分方程进行了一定的修改。

把问题1传染病模型的有关定义本书做出了解释后，依据信息传播的特点，新信息进入前期，将新信息在人群中传播的各个阶段建立微分方程：

（1）易感群

易感群为接受信息的潜在个体。正常情况下，是看到别人传递的信息才能做出评论或者转发进行信息传播。由于得知信息的不同人被感染的概率也是不同的。

对信息已知的个体对于接收信息的潜在个体的有效接触率为 w：

$$w=\Delta S_1/2S_1I_1\Delta t \tag{5-11}$$

已经知道了信息的个体，每天可以让 wS 人了解到该信息，所以每天知道该信息的人数就可以表示为：$w=S_1(t)/N_1(t)I(t)$，根据在时刻 t 到时刻 $(t+\triangle t)$ 接收信息的潜在个体数的变化，则可以得到该时刻接收到该信息的潜在个体的变化率微分方程。

如果在初期进行传播高度相关联的新信息，那么新信息的转化率就是 m，并且

$$m=\triangle S_1/2S_1I_1\triangle t$$

因此列出方程式：

$$\frac{\mathrm{d}S_1(t)}{\mathrm{d}(t)}=-\frac{wS_1(t)}{N_1(t)I(t)}-mqS_1(t)I_1(t) \tag{5-12}$$

（2）潜伏群

潜伏群为已接受原信息但还未进行传播的群体。潜伏群在某一时间段发生变化，接受信息的潜在个体，在这一时刻转化为潜伏群的人数，使得潜伏群的个体数量增加，同时潜伏群中的一些个体进行传播信息，也就进入感染群中，使得潜伏群的个体人数在减少。

根据从时刻 t 到时刻 $t+\Delta t$ 接收原信息的潜在个体数的变化，就可以得到那一时刻潜伏人群的变化率微分方程为：

$$\begin{cases}\dfrac{\mathrm{d}E_1(t)}{\mathrm{d}t}=wS_1(t)I(t)+mS_1(t)I_1(t)-nE_1(t)\\[2ex] n=\dfrac{\Delta E_1}{\Delta t}-\dfrac{\dfrac{\Delta S_1}{\Delta t}}{E_1}\end{cases} \tag{5-13}$$

（3）感染群

感染群为某一时间段发生变化，潜伏群体中的某些人传播了信息。因此感染群的人数增加。一部分人得知了信息，但不进行传播，从而进入免疫群体的概率为 $1-q$，对信息进行了转发的概率为 q，而 $q=\triangle k/I_1\triangle t$ 则可以得到某一时刻感染人群的变化率微分方程为：

$$\frac{dI_1(t)}{dt}=nE_1(t)-qpI_1(t) \tag{5-14}$$

(4) 免疫群

免疫人群为接受新信息而不重新转发新信息的人。新信息在前期进行发放,在某一时间段原信息的传播发生变化,已收到信息的个体中部分人接受新信息,人们会很少传播原信息。其中一些个体因为已经得知新信息,不再关注原信息,接着传播新信息。t 时刻免疫人群的数量为 $K(t)$。免疫人群的转化率为:

$$a=\frac{R}{K} \tag{5-15}$$

根据在时刻 t 到时刻 $t+\triangle t$ 隔离人群个体数量的变化,则可以得到那一个时刻隔离人群的变化率微分方程为:

$$\frac{dK(t)}{dt}=(1-q)I_1(t)-aK(t)-bK(t) \tag{5-16}$$

综上所述,根据新信息的感染群对信息传播的特点,对信息传播的每一阶段进行分析,可整理新的微分方程组为:

$$\begin{cases}\dfrac{dS_1(t)}{d(t)}=-\dfrac{wS_1(t)}{N_1(t)I(t)}-mqS_1(t)I_1(t) & (5\text{-}17)\\ \dfrac{dE_1}{d(t)}=wI_1(t)-nE_1(t)S_1(t)I(t)+mS_1(t) & (5\text{-}18)\\ \dfrac{dI_1}{d(t)}=nE_1(t)-qpI_1(t)-(1-q)aI_1(t)-(1-q)bI_1(t) & (5\text{-}19)\\ \dfrac{dK(t)}{d(t)}=(1-q)I_1(t)-aK(t)-bK(t) & (5\text{-}20)\end{cases}$$

5.3.3 “相似慈善信息影响”模型的求解

随机取 30 组的数据,计算转化率,接触率等数值,取均值,得到其均值分别为:

$w=2.976\times10^{-5}$、$m=3.794\times10^{-5}$、$n=0.645$、$q=0.411$、$a=0.573$、$b=0.387$

在求出微分方程组中的各个参数后,考虑到前 5 周的数据存在误差,本题选取第 6 周得到信息的人数的相关数据作为初始值,得到:

$$S_1(0)=31, E_1(0)=302, I_1(0)=26.3, D(0)=28$$

对建立的微分方程组利用 Matlab 软件编程,得出传播新信息的个体数量预测的相关数据,把预测的第 35 天、第 45 天和第 55 天的已接受信息但还未进行传播的个体数据,整理成表格的形式,如表 5-7 所示。

表 5-7 “相似慈善信息影响”模型群体预测结果（单位:个）

天数	新信息的关注度	得知并传播原信息的群体	得知新信息并转发新信息	得知新信息但传播原信息
第 45 天	8	17	6	6
第 50 天	5	11	4	3
第 55 天	3	3	2	2

利用 Matlab 求得的每个参数值和初始值代入微分方程组后求解，从而预测出传播新信息的个体等指标变化情况，在前期原信息感染人数的对应的变化值预测图和原图比较，原信息感染人数的变化值的预测图如图 5-10 所示，新信息在后期出现对原信息的影响，根据微分方程结果画出原信息的趋势图以及新信息的趋势图如图 5-11 所示，两者进行比较。

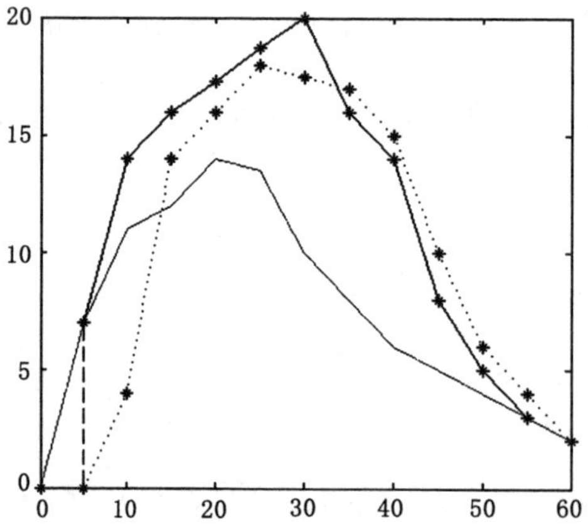

图 5-10 新信息前期传入原信息感染

利用 Matlab 对建立的微分方程组求解，从而得出原信息得知“相似慈善信息影响”模型中感染人数的变化值，把预测的第 35 天、第 45 天和第 55 天的数量数据，整理成表格的形式，如表 5-8 所示。

表 5-8 “相似慈善信息影响”模型中感染人数的变化预测结果（单位:个）

天数	原不受影响的原信息感染的变化量	初期传播新信息		后期传播新信息	
		原信息感染的变化量	新信息感染的变化量	原信息感染的变化量	新信息感染的变化量
第 45 天	14.8	6.8	16	6.8	11
第 50 天	7	1.6	8	5	9
第 55 天	2	0	2	1	7

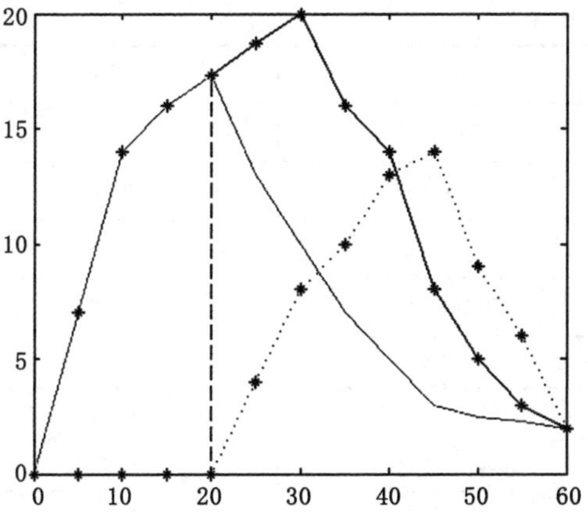

图 5-11 新信息后期传入原信息

研究结论:当 361°运动品牌新信息出现在前期,361°运动品牌新信息的关注量也会迅速增加,361°运动品牌新信息替代了原鸿星尔克信息进行扩散,原鸿星尔克信息的传播在一定情况下按某一速率减少。当 361°运动品牌新信息出现在后期,消费者都已经知道相关的原信息,对原鸿星尔克信息的关注量会减少,同时,361°运动品牌新信息的传播量也会缓慢增加,逐渐也进入一个瓶颈期。

5.4 “慈善信息差异性分析”模型的建立与 RTF 求解

5.4.1 “慈善信息差异性分析”模型数据的准备与预处理

由于转发人数会体现一个信息的传播,因此选取慈善传播过程中的转发人数为指标,判别同一慈善信息阐述方式传播过程中数据差异。由此,本节在 5.2 和 5.3 节的基础上,进一步探讨企业慈善信息与个人慈善信息两种类型的信息在传播过程中是否存在显著性差异。其中,企业慈善信息以“鸿星尔克驰援河南为例”,个人慈善消息以“张艺兴支援河南”为例。

“张艺兴支援河南”慈善消息原始数据如表 5-9 所示。

表 5-9 “张艺兴支援河南”慈善消息原始数据

日期	转发	评论	点赞
7 月 21 日	187907	219	26197
7 月 22 日	2872457	1095	31718

表 5-9(续)

日期	转发	评论	点赞
7月23日	6072068	2179	68194
7月24日	7154207	3264	104671
7月25日	9281912	4348	141147
7月26日	11486838	5433	177624
7月27日	12990898	7611	212062
7月28日	13713935	10514	253386
7月29日	14054182	13986	287552
7月30日	14377564	17948	322262
7月31日	14684648	21589	351262
8月1日	14987280	24892	365013
8月2日	15269729	25150	365913
8月3日	15539861	25408	366813
8月4日	15796918	25666	367713
8月5日	16041467	25924	368613
8月6日	16273700	26182	369513
8月7日	16493425	26440	370413
8月8日	16701306	26698	371313
8月9日	16898481	26956	372213
8月10日	17079737	27214	373113
8月11日	17248582	27472	374013
8月12日	17401413	27730	374913
8月13日	17544675	27988	375813
8月14日	17685000	28246	376713
8月15日	17812060	28504	377613
8月16日	17925096	28762	378513
8月17日	18022026	29020	379413
8月18日	18089677	29155	380312
8月19日	18149938	29657	381019

因为各种信息的量纲不同，所以必须先对数据进行标准化处理，标准化处理的公式为：

$$\begin{cases} x'_{ij}=\begin{cases}\dfrac{x_{ij}-\overline{x}_j}{S_j}, S_j\neq 0 \\ 0, \qquad S_j=0\end{cases} \qquad (i=1\cdots\cdots n, j=1\cdots\cdots m) & (5\text{-}21) \\ \overline{x}_j=\dfrac{1}{n}\sum_{i=1}^{1}x_{ij} & (5\text{-}22) \\ S_j=\sqrt{\dfrac{\sum_{i=1}^{1}(x_{ij}-\overline{x}_j)^2}{n-1}} & (5\text{-}23) \end{cases}$$

5.4.2　对于不同类型慈善信息的显著性差异的判定

绘制频数分布图进行初步分析能够客观明晰地描述数据。这种统计方法可以考虑使用频数直方图,采用绘制频数直方图的方法对不同类型慈善信息在微博平台上的传播进行初步判定和预测。

数据预处理之后,对两种类型慈善信息("鸿星尔克驰援河南"企业慈善消息和"张艺兴支援河南"个人慈善消息)转发人数的大小分布进行分析。利用 SPSS 22.0 绘制出企业慈善信息与个人慈善信息的分布直方图,企业和个人两种类型的慈善信息的频数分布图如图 5-12 和 5-13 所示。

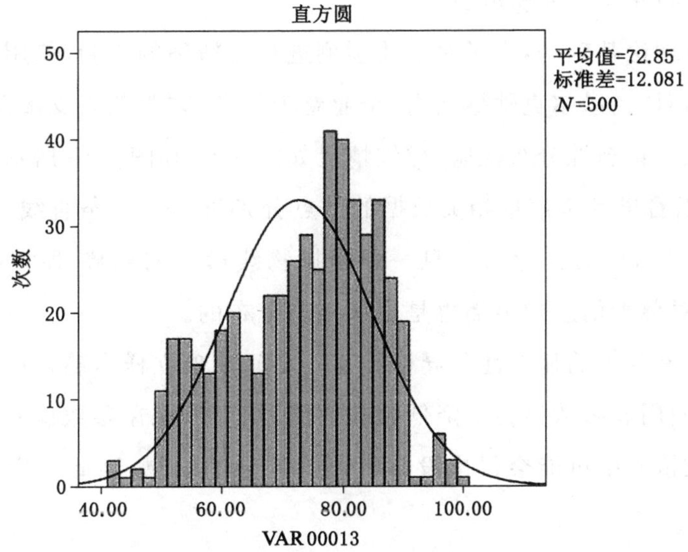

图 5-12　企业慈善信息频数直方图

许多统计方法的理论基础是正态分布。方差分析、检验、相关和回归分析等统计方法都要求分析的指标要服从正态分布。尽管许多统计方法不要求所分析的指标要服从

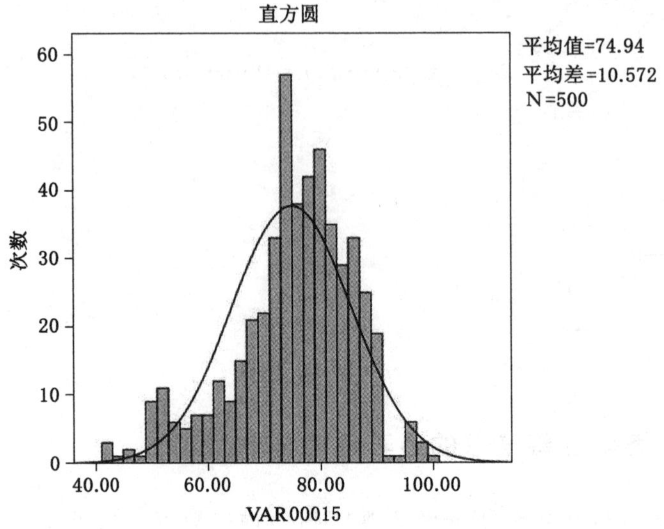

图 5-13　个人慈善信息频数直方图

正态分布，但往往相应的统计量在大样本时也会近似正态分布，因而在大样本时这些统计推断方法也大都是以正态分布作为理论支撑的。

通过对微博平台的频数直方图观察分析，可以大致预测“鸿星尔克驰援河南”企业慈善信息和“张艺兴支援河南”个人慈善信息微博平台的转发人数基本符合正态分布。

基于 QQ 图进行正态分布检验：

以正态分布为理论基础的，为了对上述预测进行更精确的检验，使用 SPSS 22.0 软件中提供的 QQ 图对“鸿星尔克驰援河南”企业慈善信息和“张艺兴支援河南”个人慈善信息传播数据来进行正态性分布检验，详细情况如图 5-14 和图 5-15 所示。

从图 5-14 可以看出慈善信息相关数据的散点分别近似为一条直线，与对角线大致重叠，并且从图 5-15 可以看出慈善信息一般呈抛物线形状的趋势，所以我们可以得到这样的结论，微博对慈善信息的传播也是服从正态分布的。

基于单因素方差分析的显著性差异检验第一小问中独立样本慈善信息的转发数据符合正态分布，若使用非参数检验会降低检验效能，相当于说在参数检验中有显著性差异的数据在非参数检验中可能会得出没有显著性差异的结果，因此使用参数检验的方法会更好。

先建立参数检验中的方差分析模型，接着检查方差分析的条件是不是成立，最后构建统计量，利用评价结果比较得出结论。

方差分析具体步骤如下：

step1：假设随机选择“鸿星尔克驰援河南”企业慈善信息和“张艺兴支援河南”个人

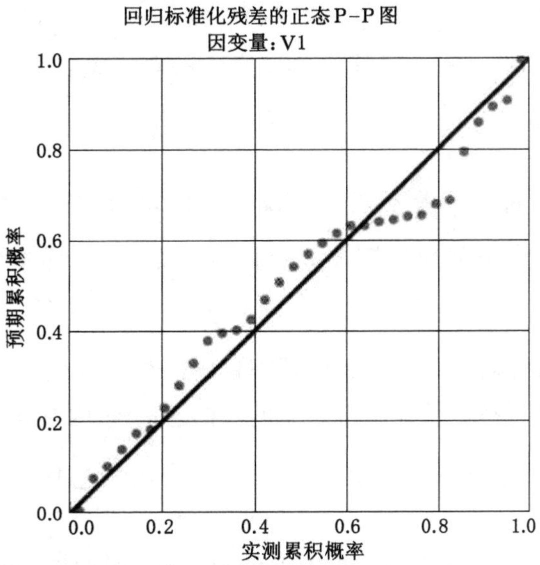

图 5-14　慈善信息在微博上转发图

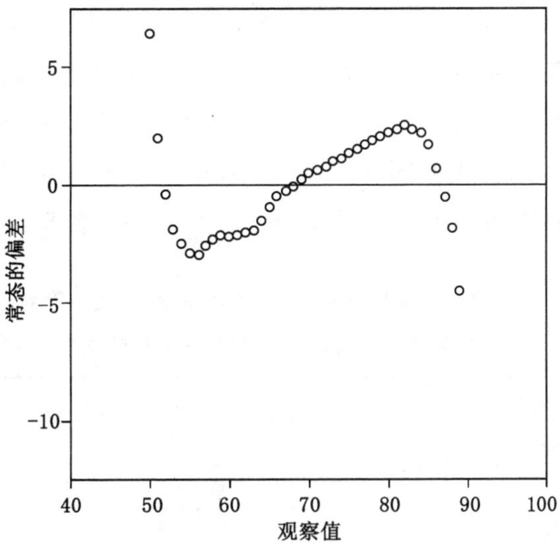

图 5-15　慈善信息人数正态 QQ 图

慈善信息不同类型慈善信息阅读指数的样本,在这种情况下样本取自同一总体,因而其均值是相同的,但抽样的波动引起了各个 x 之间微小的差别。为给出正确检验,在总体均值中"无差异"的假设为原假设,即:

$$H_0 : \lambda_1 = \lambda_2 = \cdots \lambda_{27} \tag{5-24}$$

step2:为找到一个合适的能描述每组之间变动的量去检验 H0,要先求出 27 个样本的总平均值 $\overline{\overline{x}}$:

$$\overline{\overline{\mathrm{x}}} = \sum \overline{x}/g \tag{5-25}$$

其中，g 表示组数。

step3：计算样本均值 x 相对于其的总均值 x 的总方差：

$$S_{\bar{x}}^2 = \frac{1}{g-1}\sum(\bar{x}-\bar{\bar{x}})^2 \tag{5-26}$$

step4：由于均值之间的方差不能完全说明问题，所以先计算第一个样本内的离差平方和：$\sum(x_1-\overline{x_1})^2$，类似地计算第 2 个样本和第 27 个样本内的离差平方和，将它们相加。

step5：用所有样本的总自由度（每个样本的自由度都为 $n-1$）去除，得到两样本的联合方差 S_2^P，联合方差的计算很容易推广到 g 组的数据，而每组内有 n 个观测值的情形：

$$S_P^2 = \frac{\sum(x_1-\overline{x_2})^2+\sum(x_2-\overline{x_2})^2+\sum(x_g-\overline{x_g})^2}{g(n-1)} \tag{5-27}$$

step6：给出关键的式子判断是否拒绝原假设 H0，即统计变量 F：

$$F=\frac{nS_{\bar{x}}^2}{S_P^2} \tag{5-28}$$

若不同类型的信息阅读指数无显著性差异，则 $F \leqslant F_{0.05}$；若不同类型的慈善信息阅读指数有显著性差异，则 $F_{0.05} < F \leqslant F_{0.01}$；若不同类型的慈善信息阅读指数有非常显著性差异，则 $F < F_{0.01}$。利用 SPSS 软件对阅读指数进行方差分析检验，分别得到判断两种慈善信息类型的传播显著性差异 p 值，具体数据见表 5-10 所示。

表 5-10 “鸿星尔克驰援河南”企业慈善信息和“张艺兴支援河南”个人慈善信息的转发指数方差分析检验结果表

	平方和	df	平均值平方	F	显著性
企业慈善信息	16.836	50	0.423		
个人慈善信息	107.164	489	0.315	1.935	0.032
总计	124.000	539	——		

研究结论：“鸿星尔克驰援河南”企业慈善信息和“张艺兴支援河南”个人慈善信息的转发指数方差分析检验的统计变量 $F=1.935$，显著性差异值 sig=0.032，说明“鸿星尔克驰援河南”企业慈善信息和“张艺兴支援河南”个人慈善信息两种不同类型的同一慈善信息阅读指数有显著性差异。

5.5 善因营销信息传播机制

经过上述三个传染病模型的分析，不难发现善因营销信息传播机制如下：

(1) 在慈善信息传播过程中,因为微博用户在发布或转发某微博信息后,在微博中,微博用户的粉丝或关注者就会看到这一信息,并且也有可能把这个信息转发出去。依据微博信息的传播特征,微博信息传播与传染病传播具有很高的相似性。因此本书以微博信息为例,将本书研究对象——慈善信息在社会上传播的问题,类比为传染病的传播,依据信息传播机制,对信息传播的不同阶段和不同状态构建传染病模型,完整的微博关系用户中,易感人群往往有被感染病毒的可能性。同时,本来没有处在潜伏状态的人群又成为易感人群,该系统就像这样循环往复。随着时间的增长,易感人群数量逐渐减少,该系统会出现一个相对稳定状态。

在信息传播过程中,传播初期信息的自媒体数量会不断增加,在 $t=20$ 时,I 达到最大值,然后不断减少。并且不知道信息的人会越来越少。在 0～0.2 过程中,曲线呈不断上升的趋势,反映出信息在传播的过程中,随着越来越多的自媒体知道该信息,它们中间势必会出现对该信息不感兴趣的自媒体平台。信息的传播为 t 的范围在 0～5 时,信息热度直线攀升至最高,显示信息在传播的第一阶段具有高速度和爆发性的特点,当 t 的范围在 5～10 时,信息热度开始波动,但仍保持着较高的热度,符合第二阶段范围广、速度快的特点。而当 t 的范围在 15～30 时,信息的热度明显锐减,其后也一直保持着低热度趋向最小值 0,符合最后消散阶段的特点。

(2) 相似慈善信息出现后的影响

根据信息传播的特点,新信息介入前期,将新信息在人群中传播的各个阶段建立微分方程,利用 Matlab 求得的各个参数值以及初始值代入微分方程组进行求解,进而预测出传播新信息的个体等变化情况,在前期原信息感染人数的变化值的预测图和原图比较,发现由于发放了高度关联的新信息,引起易感群数量的变化,因此当新信息出现在前期,新信息的关注量会迅速增加,新信息代替了原信息进行扩散,原信息的传播在一定情况下按某一速率减少。当新信息出现在后期,群众都已经知道相关的原信息,对原信息的关注量会减少,新信息的传播量缓慢增加。

(3) 不同类型的慈善信息在传播过程中存在差异

使用单因素方差对独立样本慈善信息的转发数据的显著性进行分析,发现慈善信息相关数据的散点分别近似为一条直线,与对角线大致重叠,并且慈善信息一般也是呈抛物线形状的趋势,我们同样可以认为微博对慈善信息的传播也是同样的服从正态分布。利用 SPSS 软件对阅读指数进行方差分析检验,通过判断两种慈善信息类型的传播显著性差异 p 值,发现不同类型的慈善信息阅读指数有显著性差异。

5.6 本章小结

本章通过传染病模型对慈善信息的传播的机制进行研究，发现完整的微博关系用户中，易感人群有被感染病毒的可能。同时，还没有处于潜伏状态的人群有可能成为易感人群，该系统就像这样循环往复。当相似的慈善信息出现后，由于发放了高度关联的新信息，引起易感群数量的变化，因此当新信息出现在前期，新信息的关注量会迅速增加，新信息代替了原信息进行扩散，原信息的传播在一定情况下按某一速率减少。当新信息出现在后期，消费者都已经知道相关的原信息，对原信息的关注量会减少，新信息的传播量缓慢增加。另外，还发现不同类型的慈善信息在传播过程阅读指数有显著性差异。因此，如何更好地制造善因营销信息的“传染源”，打开易感人群的开端，是善因营销策略中首要考虑的问题，与消费者高度关联（契合）的信息很容易成为感染源，进行高强度的传播；同时，不同的信息类型也会影响消费者对善因营销的接受程度和态度。

6 基于神经网络模型的善因营销组态因素对营销效果影响的敏感度分析

6.1 采用神经网络建模的可行性分析

神经网络模型(neural network model)是一种主要用来进行多因素信息处理和现象描述的数学模型,它以“神经元”为基础,类似于人工神经网络,也就像人的大脑一样,是对一阶特性进行描述[253]。这种数学模型是用节点特点、学习规则和网络拓扑来表达。本章将在第五章传染病模型的基础上,进一步利用神经网络的学习能力,构建神经网络模型,使得这个模型能够自动学习,自动适应系统随时间的特性变异,从而帮助企业在不确定性的条件下,提前对善因营销效果影响进行综合评价,有利于企业善因营销系统实现较为理想的控制效果。

神经网络模型是由许多简单的神经元普遍地首尾相接,组成比较复杂的网络系统,神经元能够反映出许多基本特征,都是跟人脑功能相一致的,是一个非常复杂的非线性动力学习系统。neural network model具有自组织、自适应、自学能力和大规模并行、分布式存储与处理等能力,在同时考虑诸多因素和条件的、模糊的不准确的信息处理问题过程中非常适用[254]。

神经元是神经网络的基础,该模型的原理是以生物体的神经细胞为基础的。通常是人们在分析研究人工智能的理论机制。Wagnere等(1994)在研究生物神经系统时,就尝试把许多相同形式的神经元连接在一起,组成神经网络,最后形成神经元数学模型,并使用这个模型来反映经济社会的各种常见现象[114]。如本书第三章、第四章和第五章所谈到的那样,由于善因营销效果的影响因素比较多,而且在不同条件下对营销效果的影响都不尽相同,因此可以把“消费者-慈善事件契合度”“企业-消费者的契合度”“品牌-消费者的契合度”“品牌-慈善事件的契合度”“慈善事件-企业契合度”消费者感知诚意“消费者-慈善事件卷入度”“消费者-产品的卷入度”、慈善组织宣传形式、企业宣传形式等都可以看作是神经网络中的“神经元”。前文已经研究并检验了契合度对善因营销效果的主效应作用,阐述了卷入度、宣传形式与契合度等对善因营销效果的交互效应,也分析了消费者对慈善事件的卷入度对善因营销效果的影响,检验了卷入度在契合度与消费者态度和行为之间的中介效应,并且明确了捐款形式和品牌-事件契合度对消费者响应的影响及感知诚意在其中起到的中介作用。为了进一步探究前文研究的众多善因营销组态因素对营销效果影响的作用机理,测量不同因素对善因营销效果影响的敏感度,根据神经网络模型的应用特点,适合对许多因素和条件的、不精确和模糊的信息进行处理。因此,本章研究内容非常适合采用神经网络模型对影响善因营销效果的组态因素评价指标的影响效力进行机理研究,用神经网络对各组态因素的影响力和敏感度进行表达,数据以问卷调查数据为主。

6.2 对评价指标进行相关性检验

本章主要采用神经网络模型来研究各项评价指标对营销效果的影响,因变量为营销额、企业-消费者契合度、消费者-慈善事件契合度、慈善事件-企业契合度、消费者对产品的卷入度、消费者对慈善事件卷入度、慈善组织宣传形式程度、企业宣传形式程度、消费者感知诚意度,共计这 8 项指标作为自变量来建立神经网络模型。通过调查获取的原始数据如表 6-1 所示(因为排版需要,故仅仅呈现前 15 个样本,完整的 100 个样本相关数据请见附录 9 所示)。

表 6-1 神经网络模型的原始数据调查问卷统计表(前 15 个样本)

编号	营销额	消费者与慈善事件契合度	企业(品牌)与消费者契合度	慈善事件与企业契合度	消费者对慈善事件卷入度	消费者对产品的卷入度	宣传形式满意度	企业宣传形式满意度	消费者感知诚意
1	385	1	0	1	2	4	2	3	1
2	358	7	2	1	2	2	4	2	4
3	119	4	1	2	2	4	5	6	3
4	258	7	2	3	0	5	5	1	6
5	253	2	3	7	3	0	1	5	3
6	173	6	0	5	0	2	1	1	4
7	119	0	2	5	3	5	5	4	2

表 6-1(续)

编号	营销额	消费者与慈善事件契合度	企业(品牌)与消费者契合度	慈善事件与企业契合度	消费者对慈善事件卷入度	消费者对产品的卷入度	宣传形式满意度	企业宣传形式满意度	消费者感知诚意
8	128	7	1	0	0	1	4	4	1
9	266	1	0	7	2	2	2	7	1
10	172	4	4	1	2	3	3	7	4
11	176	4	6	1	4	0	3	3	4
12	107	5	4	7	0	3	1	2	2
13	121	0	5	5	6	3	1	3	2
14	329	6	2	7	5	1	3	5	7
15	102	4	2	3	4	3	3	5	4

在建立模型前，需要确保所使用的各项指标之间具有较高的独立性，指标之间不存在严重的共线重叠关系。因此，先要对这几个指标之间的相关性进行检验，再来计算他们的 Pearson 相关系数(r)：

$$r=\frac{1}{n-1}\sum_{i=1}^{n}\left(\frac{X-\bar{X}}{\sigma_X}\right)\left(\frac{Y-\bar{Y}}{\sigma_Y}\right) \tag{6-1}$$

其中 n 是调查问卷的样本数，$n=100$。$\overline{X}$ 是指标 X 的平均值，σ_X 是指标 X 的标准差，$\overline{Y}$ 是指标 Y 的平均值，σ_Y 是指标 Y 的标准差。当满足 $|r|>0.7$ 时，说明两者之间存在严重的共线性。

指标之间的相关系数矩阵如图 6-1 所示，可以看出有相当一部分矩阵元的值大于

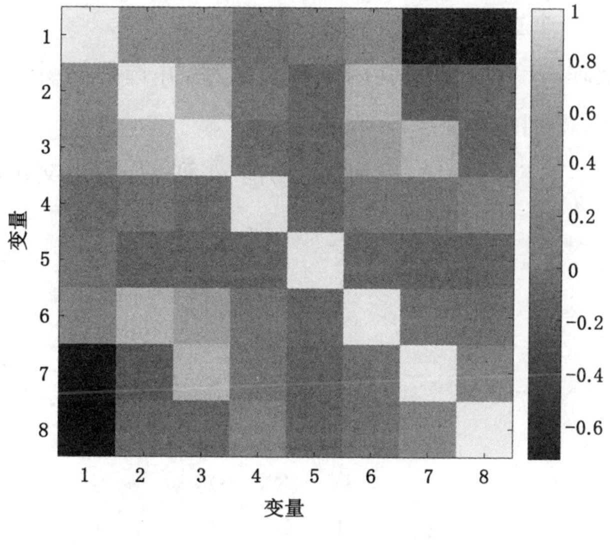

图 6-1　指标的相关系数矩阵图

0.7，说明它们之间存在严重的共线性，无法直接建立神经网络模型，因此需要先将指标转化为独立的公因子。

6.3 对评价指标进行因子分析

在6.2节对营销额、企业-消费者契合度、消费者-慈善事件契合度、慈善事件-企业契合度、消费者对产品的卷入度等8项指标进行了相关系数分析，表明可以对上述8个指标采用因子分析方法进行进一步的研究。事实上，因子分析方法可以将相关性强的指标转化为独立的公因子，它的分析和计算步骤详细情况如下：

(1) 对原始数据进行标准化处理

将各指标值 a_{ij} 转换成标准化指标 a_{ij}.。

(2) 计算相关系数矩阵 R

相关系数矩阵 $R=(r_{ij})_{100\times 8}$，有：

$$r_{ij}=\frac{\sum_{k=1}^{8} a'_{ki}\cdot a'_{kj}}{8-1} \tag{6-2}$$

其中，$r_{ii}=1$，$r_{ij}=r_{ji}$，r_{ij} 为第 i 个指标与第 j 个指标的相关系数。

(3) 计算初等载荷矩阵

计算相关系数矩阵 R 的特征值 $\lambda_1\geqslant\cdots\geqslant\lambda_8\geqslant 0$，及对应的特征向量 $u_1\cdots u_g$，其中 $U_{1j}=[u_{1j},\cdots,u_{8j}]^{\mathrm{T}}$，初等载荷矩阵：

$$\Lambda_1=[\sqrt{\lambda_1}u_1,\ldots,\sqrt{\lambda_8}u_8] \tag{6-3}$$

(4) 选择 $m(m\leqslant 4)$ 个主因子

根据初等载荷矩阵，计算各个公共因子的贡献率，并选择 m 个主因子。对提取的因子载荷矩阵进行旋转，得到矩阵：

$$\Lambda_2=\Lambda_1^{(m)}T\text{（其中 }\Lambda_1^{(m)}\text{ 为 }\Lambda_1\text{ 的前 }m\text{ 列，}T\text{ 为正交矩阵）}$$

构造因子模型：

$$\begin{cases} x'_1=\alpha_{11}F_1+\cdots+\alpha_{1m}F_m \\ \qquad\vdots \\ x'_8=\alpha_{81}F_1+\cdots+\alpha_{8m}F_m \end{cases} \tag{6-4}$$

式中：

$$\Lambda_2=\begin{bmatrix} a_{11} & \cdots & a_{1m} \\ \vdots & \ddots & \vdots \\ a_{81} & \cdots & a_{8m} \end{bmatrix} \tag{6-5}$$

(5) 计算因子函数

用回归方法求单因子函数：

$$F'_j = \beta_{j1} x'_1 + \ldots + \beta_{j8} x'_8 \tag{6-6}$$

6.3.1 善因营销评价指标的 KMO 和巴特利特检验

利用 SPSS 22.0 软件对问卷调查中的各项数据进行 KMO 和巴特利特检验，检验其是否适用于因子分析方法。通过对问卷调查的相关数据进行分析，从而得到的相关结果如表 6-2 所示。

表 6-2 KMO 与巴特利特球形度检验

Kaiser-Meyer-Olkin 取样适切性量数		0.706
Bartlett 球形度检验	近似卡方	230.052
	Df 自由度	28
	显著性	0.000

由表 6-2 可知，影响善因营销的 8 个指标的 KMO 值为 0.706，巴特利特检验显示显著性为 0，根据判定准则，当 KMO 值越接近 1，则表示自变量和因变量之间的相关性越强，所有变量越适合作因子分析，由此表明本章的相关调查数据适合进行因子分析。

6.3.2 善因营销评价指标的公因子方差分析

善因营销评价指标变量的公因子方差详细情况如表 6-3 所示。

表 6-3 善因营销评价指标变量的公因子方差

指标	初始	提取
消费者-慈善事件契合度	1.000	0.571
企业-消费者契合度	1.000	0.881
慈善事件-企业契合度	1.000	0.802
消费者-慈善事件卷入度	1.000	0.524
消费者-产品的卷入度	1.000	0.774
慈善组织宣传形式	1.000	0.775
企业宣传形式	1.000	0.550
消费者感知诚意	1.000	0.585

从表 6-3 中可以看出,可以被公因子表达的公因子方差一般大于 0.5,本研究的公因子方差大于 0.7 说明变量能被公因子表达得很合理。根据表 6-2 可知,通过对 8 个变量运用主成分分析进行提取,提取的值皆在 0.5 以上,最低为 0.550。各个变量的信息丢失较少,因此说明每一个变量都能被公因子表示。

6.3.3 善因营销评价指标的碎石图及总方差解释分析

由 SPSS 22.0 软件分析得出碎石图,相关结果如图 6-2 所示。

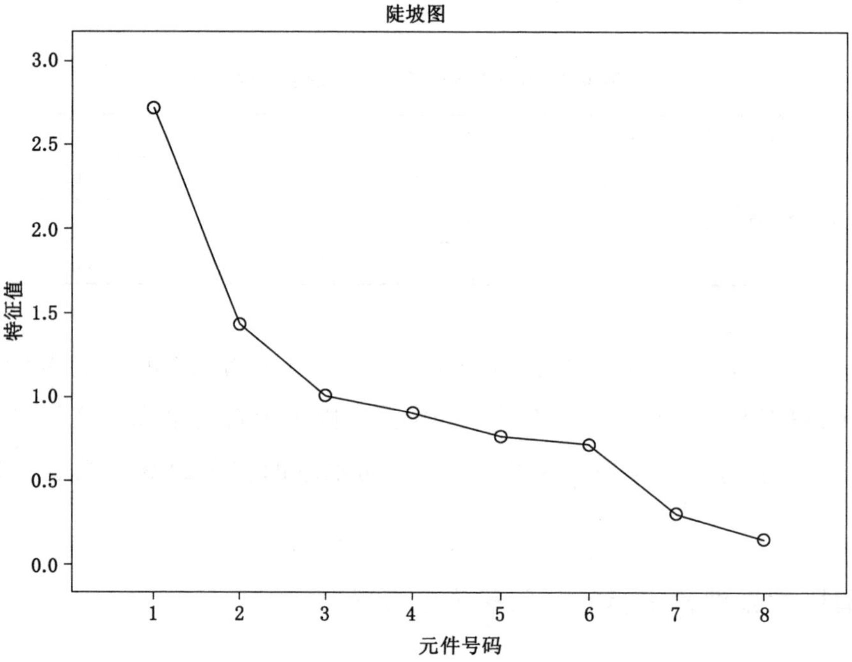

图 6-2 碎石图

碎石图的走势越陡峭,说明因子间的独立性越高,该因子与其他因子的区别度也就越大;相反,如果碎石图的走势越平坦,则说明该因子间的相关程度也就越大。从图 6-2 中可知,前三个因子的碎石图相对比较陡峭,从第四个因子开始,碎石图变得相对比较平缓,说明前三个因子独立性较高,基本上可以代表大部分的共同度,而其余 5 个因子之间的关联度较高。

接下来进一步计算各指标变量的总方差解释,详细情况如表 6-4 所示。

表 6-4 各个成分的总方差以及对变量的解释

成分	起始特征值			提取载荷平方和			旋转载荷平方和		
	总计	方差%	累加%	总计	方差%	累加%	总计	方差%	累加%
1	2.721	34.013	34.013	2.721	34.013	34.013	2.709	33.865	33.865
2	1.432	17.898	51.911	1.432	17.898	51.911	1.364	17.050	50.915
3	1.008	12.601	64.512	1.008	12.601	64.512	1.088	13.596	64.512
4	0.903	11.285	75.797						
5	0.765	9.567	85.364						
6	0.714	8.930	94.294						
7	0.304	3.799	98.093						
8	0.153	1.907	100.000						

提取方法:主成分分析。

从表 6-4 中可以看出,前三个因子的特征值均大于 1,这就代表前三个因子已经提取了 64.512%的数据,已经能够较好地解释不同因素对善因营销的影响以及程度的高低,可以选择前三个因子作为公共因子。

6.3.4 善因营销评价指标成分矩阵及旋转分析

因为公因子与原始数据之间的相互关联程度是由因子负荷矩阵来体现的,如果负荷因子越大,说明其关联程度越大,公因子对数据的解释程度越高,所以得出旋转前的成分矩阵如表 6-5 所示。

表 6-5 因子分析成分矩阵

	成分		
	1	2	3
消费者-慈善事件契合度	0.509	−0.143	0.438
企业-消费者契合度	0.937	0.017	−0.050
慈善事件-企业契合度	0.890	−0.003	−0.094
消费者-慈善事件卷入度	0.070	0.610	0.384
消费者-产品的卷入度	−0.081	−0.436	0.759
慈善组织宣传形式	0.867	0.141	−0.047
企业宣传形式	−0.139	0.573	−0.050
消费者感知诚意度	−0.088	0.708	0.276

提取方法:主成分分析。

a. 提取 3 成分。

通过对前面因子分析的结果，能够看出来，初始因子解的各主因子典型代表变量的代表性明显度其实是很低的，从而导致出现意义不够清晰的因子，需要旋转这些因子，从而能够更好地解释实际问题。如表 6-5 中指标“消费者-慈善事件契合程度”在公因子 1 和公因子 3 的值分别是 0.509 和 0.438，指标“慈善事件-企业契合程度”在公因子 2 和公因子 3 的值分别是−0.003 和−0.094，相差十分接近，所以无法得出该原始数据与两个公因子中哪一个关联程度更高，因此需要旋转它们。同理，消费者-慈善事件卷入度在公因子 2 和公因子 3 的值分别是 0.610 和 0.384，同样不是特别合适。由此，进一步使用最大方差法，把最接近的、能够反映目的的、还有非常相近的变量这三块划分为一类。

旋转过后得到成分转换矩阵如表 6-6 所示。

表 6-6　成分转换矩阵

成分	1	2	3
1	0.996	−0.046	0.078
2	0.074	0.912	−0.040
3	−0.053	0.408	0.911

提取方法：主成分分析。

旋转方法：具有 Kaiser 正规化的最大变异法。

从表 6-6 中可以明确地看到，三个因子非常明确，第一个因子在第一个主成分上的得分为 0.996，第二个因子在第二个主成分上的得分为 0.912，第三个因子在第三个主成分上的得分为 0.911，表明这三个因子是有着显著差异的。接下来，可以得到善因营销各评价指标因子分析的旋转成分矩阵，详细情况如表 6-7 所示。

表 6-7　善因营销各评价指标因子分析的旋转成分矩阵

	成分		
	1	2	3
消费者-慈善事件契合度	0.473	0.025	0.497
企业-消费者契合度	0.937	−0.048	0.021
慈善事件-企业契合度	0.892	−0.082	−0.015
消费者-慈善事件卷入度	0.094	0.709	0.109
消费者-产品的卷入度	−0.153	−0.785	0.062
慈善组织宣传形式	0.077	0.670	−0.032
企业宣传形式	−0.093	0.008	−0.788
消费者感知诚意度	−0.050	0.062	−0.641

从表6-7不难发现，消费者-慈善事件契合度、企业-消费者契合度、慈善事件-企业契合度可以将其归因于成分1，相应的值分别对应为0.473、0.937和0.892，消费者-慈善事件卷入度、消费者-产品的卷入度、慈善组织宣传形式可以将其归因于成分2，相应的值分别对应为0.709、－0.785和0.670，企业宣传形式、消费者感知诚意度可以将其归因于成分3，相应的值分别对应为0.788和－0.641。

6.3.5 善因营销评价指标成分得分系数矩阵分析

在上述步骤完成后，能够基本确定因子。参考成分得分系数矩阵，与经济变量数字相对应的因子就可以计算出来，再用原始变量代替主成分因子的线性方程表示，就可以得到因子函数，由此，进一步计算得出了善因营销评价指标成分得分系数矩阵分析，详细情况如表6-8所示。

表6-8 成分评分系数矩阵

	成分		
	1	2	3
消费者-慈善事件契合度	0.156	0.078	0.451
企业-消费者契合度	0.347	－0.025	－0.023
慈善事件-企业契合度	0.331	－0.055	－0.059
消费者-慈善事件卷入度	0.037	0.542	0.177
消费者-产品的卷入度	－0.092	0.031	0.807
慈善组织宣传形式	0.327	0.056	－0.057
企业宣传形式	－0.019	0.347	－0.211
消费者感知诚意	－0.010	0.564	0.048

提取方法：主成分分析。

旋转方法：具有 Kaiser 正规化的最大变异法。

组件评分。

通过因子得分矩阵，可以分析计算出每个主成分综合得分线性方程，再以每个主成分对应的方差相对贡献率作为权重得到新的输入因子：

$$F_1 = 0.156x_1 + 0.347x_2 + 0.331x_3 + 0.037x_4 - 0.092x_5 + 0.327x_6 - 0.019x_7 - 0.010x_8 \tag{6-7}$$

$$F_2 = 0.078x_1 - 0.025x_2 - 0.055x_3 + 0.542x_4 + 0.031x_5 + 0.056x_6 + 0.347x_7 + 0.564x_8 \tag{6-8}$$

$$F_3 = 0.451x_1 - 0.023x_2 - 0.059x_3 + 0.177x_4 + 0.807x_5 - 0.057x_6 - 0.211x_7 + 0.048x_8 \tag{6-9}$$

其中 x_i($i=1,2,3,\cdots,8$)分别是企业-消费者契合度,消费者-慈善事件契合度,慈善事件-企业契合度,消费者-产品的卷入度,消费者-慈善事件卷入度,慈善组织宣传形式,企业宣传形式和消费者感知诚意度。

6.4 影响善因营销效果的组态因素敏感度分析

考虑到善因营销效果在一定的影响因素下,将会满足一定的函数规律,由此本研究的关键在于求解该未知函数。但是,由于该函数并非已知函数,直接构造函数过于困难,故本节将采用函数逼近的思想,那就是构造一个函数,无限趋近于未知函数,在最小二乘法准则下,使得最小二乘之和达到最小。给出神经网络示意图的详细情况如图 6-3 所示。

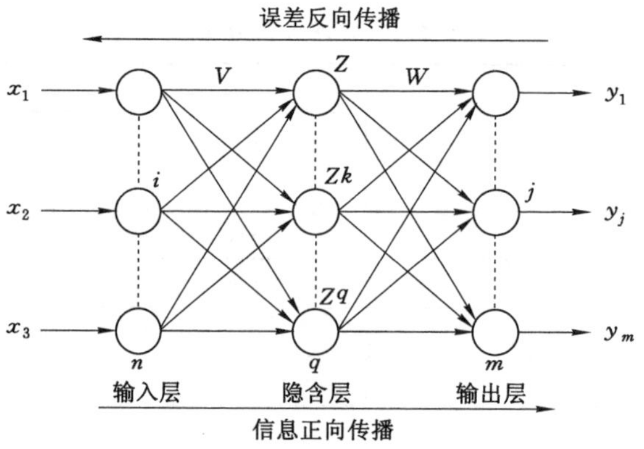

图 6-3　神经网络示意图

考虑到 BP 神经网络是一种较为高效的前馈式神经网络,与其他的前向神经网络相比,BP 神经网络具有最佳逼近性能,也具有全局最优特性,并且 BP 神经网络具有结构简单和训速度快等特点,同时,BP 神经网络也是一种可以大量应用于模式识别和非线性函数逼近等领域的神经网络模型。出于对以上的分析,本节的逼近函数就是使用 BP 神经网络算法进行处理的。

首先,在训练之前,该模型需要提供样本,这些样本必须包含输入向量 P 以及相应的期望输出向量 T ,在这一过程中还要不断调整权值和阈值,使神经网络的性能函数达到最小。其次,BP 神经网络的行动指南就是对网络权值和阈值的修正沿着性能函数下降最快的方向(负梯度方向)进行。

BP 神经网络的行动主要包含两个部分:信息正向传播,以及误差反向传播,输入层中任一神经元的输出等于输入模式分量加权和,输出层和隐含层中任一神经元的输入等于与它的前一层神经元输出加权和。假设某一层中任一神经元 j 的输入为 net_j，输出为O_j，与该层相邻的前一层中任一神经元的输出为 O_i，则有：

$$net_j = \sum w_{ji} O_i ; O_j = f(net_j) \tag{6-10}$$

其中，w_{ji} 为神经元 j 与神经元 i 之间的连接权；$f(net_j)$ 为神经元中的 S 型函数 $Sigmoid$ 作为激活函数。当神经网络再一次训练时，输出层中神经元的输出误差向隐含层和输入层进行反向传播，而且同时会不断修正各层之间的权值 w_{ji}，从而使网络的系统均方差 E 达到最小。当记录网络经过训练后所得到的权值 w_{kj}，也就完成了神经网络模型的创建。

6.4.1 善因营销效果关键指标中超参数的确定

将完整的数据集划分为 70%的训练集(70 张问卷)，30%的测试集(30 张问卷)。拟合得到神经网络模型主要用训练集，对模型的性能进行评估则用测试集。对于神经网络而言，隐含层的个数是它最关键的参数，本节将 Andrea 规则和许禄规则进行联立，得到隐含层个数所满足的经验关系式：

$$1.2 \leqslant P/Q < 2.2 \tag{6-11}$$

其中，P 是训练集中样本的个数，$P=70$。Q 是神经网络的权重之和，它的值满足关系：

$$Q = (L+1)Y + (Y+1)C \tag{6-12}$$

其中，L，Y 和 C 分别是输入层，隐含层和输出层的个数，$C=1$。通过代入等式(6-12)，可以得到：

$$\frac{67.8}{2.2L+4.4} < Y \leqslant \frac{68.8}{1.2L+2.4} \tag{6-13}$$

训练函数是 ANN 模型中的另一个关键参数，目前被研究者们广泛使用的训练函数主要有三种，分别是 Levenberg Marquardt(trainlm)，Bayesian regularization(trainbr)和 Scaled Conjugate Gradient(trainscg)。因此，有必要对它们进行逐一测试以便选择出最适宜的训练函数。隐含层中的神经元为 Sigmoid 函数，它的公式为：

$$Sig(x) = \frac{1}{1+\mathrm{e}^{-x}} \tag{6-14}$$

其中，x 为 Sigmoid 函数的输入。最终，神经网络模型输出营销额的值可以表达为：

$$S(\mathrm{ANN}) = W_2[Sig(W_1 X + b_1)] + b_2 \tag{6-15}$$

隐含层和输出层的权重矩阵分别是 W_1，W_2。隐含层和输出层的偏置向量分别是 b_1，b_2。X 是输入特征矩阵. S(ANN)是使用神经网络方法预测的营销额。

测试集是用来评价模型性能的数据集，对于测试集采用决定系数 R^2 来描述模型的性能：

$$R^2 = \frac{\sum_{i=1}^{m}(S(ANN) - \bar{S})}{\sum_{i=1}^{m}(S - \bar{S})} \tag{6-16}$$

其中，m 是测试集样本的个数，m 的值为 30。

6.4.2 建立善因营销效果关键指标的神经网络模型

善因营销效果关键指标的三个独立因子被用来作为 ANN 模型的输入特征。可以得到 ANN 模型输入层的特征矩阵 X 为：

$$X = \begin{bmatrix} F_1 \\ F_2 \\ F_3 \end{bmatrix}^{\mathrm{T}} \tag{6-17}$$

同时，还可以得到输入层的个数为 3，根据经验等式可以得到隐含层个数 Y 的范围是(6.16，11.46)。因此隐含层数取值为 7，8，9，10 和 11。对三种不同的训练函数分别取不同的隐含层数，计算测试集的 R^2Test，它们的值如图 6-4 所示：

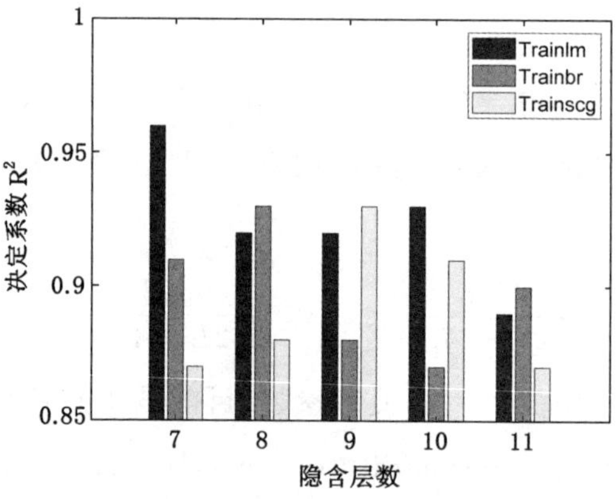

图 6-4　三种不同的训练函数下不同隐含层数的 R^2Test

从图 6-4 可以看出，当训练函数为 trainlm，隐含层个数为 7 时的 ANN 具有所有模型中最优的性能。测试集的 $R_2=0.98$，非常接近于 1，表明该模型具有出色的性能。其在隐含层的权重矩阵 W_1 和偏置向量 b_1 分别为：

$$W_1 = \begin{bmatrix} 0.352 & 1.235 & 0.203 \\ -2.236 & -0.547 & 0.714 \\ -0.837 & -0.234 & 0.241 \\ 1.978 & 0.132 & -0.456 \\ -0.892 & 0.281 & -0.945 \\ 0.968 & 0.439 & -0.861 \\ 0.924 & -0.606 & -0.041 \end{bmatrix}, b_1 = \begin{bmatrix} -2.273 \\ 2.109 \\ 0.300 \\ -1.581 \\ 0.505 \\ 0.325 \\ 1.127 \end{bmatrix} \quad (6\text{-}18)$$

该模型输出层的权重矩阵 W_2 和偏置向量 b_2 分别为：

$$W_2 = \begin{bmatrix} -0.059 \\ -0.384 \\ -0.252 \\ 0.341 \\ -0.341 \\ 0.208 \\ 0.508 \end{bmatrix}^{\mathrm{T}}, b_2 = [0.162] \quad (6\text{-}19)$$

实际值和预测值的散点图如图 6-5 所示。

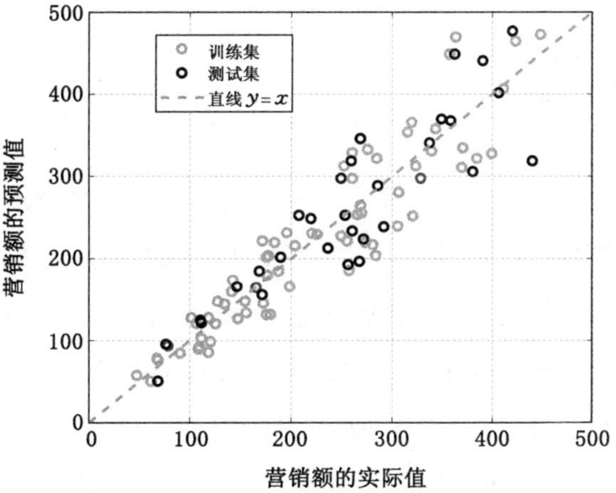

图 6-5　测试集和训练集的散点分布

从图 6-5 可以看出，无论是测试集抑或是训练集，所有的散点都较为均匀地分布在直线 $y=x$ 的两端，没有明显的离群点。说明这一模型对本书数据集具有出色的拟合和预测能力。

6.4.3 善因营销组态因素对营销效果影响的敏感度分析

考虑到八项指标与善因营销效果之间存在某种未知的函数关系，为了模拟出他们之间关系，探明单个指标对营销额的影响规律。因此采用控制变量法，即固定多个变量，仅对一个变量进行数值上的改变。通过观察其对营销额的影响，在所给的八项指标中对每一项指标进行分析。具体而言，每一项指标及其敏感度的值详细情况如表 6-9 所示。

表 6-9 指标及其敏感度

指标	敏感度
消费者-慈善事件契合度	0.978 4
企业-消费者契合度	1.425 4
慈善事件-企业契合度	2.654 7
消费者-慈善事件卷入度	3.321 4
消费者-产品的卷入度	1.322 1
慈善组织宣传形式	2.453 4
企业宣传形式	2.532 9
消费者感知诚意	0.332 1

6.5 本章小结

本章通过神经网络模型，研究了善因营销组态因素对营销效果影响的敏感度。从各项指标的敏感度可以看出："消费者感知诚意"指标的敏感度为 0.332 1，大于 0，说明该指标的增加会导致营销额的增加，也就是说对营销效果有正影响。与"消费者感知诚意度"指标相比，"消费者-慈善事件契合度"比"消费者感知诚意度"的敏感度大，说明"消费者-慈善事件契合度"对善因营销效果的影响作用比"消费者感知诚意度"的影响作用大。同理，从表中可以看出"消费者-慈善事件卷入度"敏感度最大，为 3.321 4，说明"消费者-慈善事件卷入度"对于善因营销的效果产生的正向影响最大。另外，慈善事件-企业契合度、企业-消费者契合度、品牌-慈善事件的卷入度、企业宣传形式程度、慈善组织宣传形式程度等组态因素指标敏感度均大于 0，并且敏感度指标超过"消费者感知诚意"，说明这几项指标对于善因营销的效果影响力均超过"消费者感知诚意"，企业需要引起足够的重视，根据表 6-9 的指标敏感度，从不同的指标层面加强企业对善因营销方式、策略以及战略的设计和规划，全方位提高企业的善因营销效果。

7 结论与展望

7.1 主要研究结论

(1) 国内外对善因营销的研究热点问题分析

基于 Citespace 分析方法，对善因营销的内涵、类型及发展历程进行了系统回顾，尤其对善因营销论文发表篇数的时间演变历程(2000 年—2021 年)进行了深入分析。研究结果发现：近 20 年来，全球对于善因营销开展研究有 40%左右的论文是在美国进行，其次是英格兰(占总数的 9.0%)和印度(占总数的 8.7%)，也就是说大多数关于善因营销的研究依然在美国和欧洲等西方发达国家中进行，与发达国家相比，新兴国家对于善因营销的研究还亟须进一步加强；美国学者、英国和加拿大等国家的学者与全球其他国家/地区的学者开展合作的概率(意愿)更高，我国在善因营销研究方面还有很大的上升空间，亟需大量学者对这个领域开展深入研究；从善因营销研究领域关键词热度变化可以看出，除了善因营销本身以外，企业社会责任是被提到最多的关键词(数量 141，中心度 0.12)。其他关键词，如“影响(impact)”“契合度(fit)”“响应(response)”“品牌(brand)”“行为(behavior)”“捐赠(donation)”等也有很高的出现频率，该领域到达了较高的研究热度。

(2) 消费者-慈善事件契合度对善因营销效果的影响分析

“契合度”是善因营销效果的决定因素之一，契合度包括消费者-慈善事件契合度、企业-消费者契合度、品牌-消费者契合度、品牌-慈善事件契合度等。但是针对消费者-慈善事件契合度的研究比较少，本书选取的是国内外研究中鲜为提及的消费者-慈善事件契合度开展研究。通过实验的方法，研究了消费者-慈善事件契合度对善因营销效果的影响，也就是研究了消费者对慈善事件的态度和参与意愿。

根据详尽可能性模型(elaboration likelihood model,ELM)和社会认同(social identity theory)等相关理论,重点考察“消费者-慈善事件契合度”及卷入度对善因营销效果的影响,进而为更好地解释消费者态度和参与意愿的形成机理提供理论依据。实验一主要采用了单因素(契合度:高,低)组间实验设计的方法,通过见数(Credamo)调研平台收集数据,共计回收107份有效问卷。研究结果表明:在善因营销过程中,消费者与慈善事件的契合度决定了消费者对善因营销的态度和参与意愿,当消费者与慈善事件的契合度高时,消费者对整个事件宣传的口号、定位都有一定的认同,所以他们的态度和参与意愿也同样较高;而当消费者与慈善事件的契合度低时,善因营销效果正好相反。

(3) 消费者-慈善事件卷入度对善因营销效果的影响分析

消费者-慈善事件卷入度对善因营销效果影响的研究是为了进一步探究善因营销组态因素对营销效果影响的作用机理,其中关键性问题在于检验消费者-慈善事件卷入度在契合度与态度和行为之间的中介效应。

因此,实验二进一步考察了“消费者-慈善事件卷入度”对善因营销效果的影响,重点验证卷入度的中介效应及其对消费者态度和行为意愿的影响。正式实验仍然采用单因素(卷入度:高,低)组间实验设计的方法,通过见数(Credamo)调研平台收集数据,最终有效样本为126份问卷。研究结果表明:当卷入度高时,消费者能够寻找到善因营销活动中与自己的关联性,而这种关联性更导致了他们对营销活动的态度和参与意愿的提高;卷入度对善因营销效果的影响作用正是通过这种关联性的作用而产生影响,并且卷入度在契合度和消费者态度及参与意愿之间起到部分中介效应。

(4) 企业捐款形式和消费者感知诚意对善因营销效果的影响分析

企业捐款形式是慈善事件的重要形式,消费者感知诚意在企业捐款形式对善因营销效果的影响中起到部分中介作用。根据心理意象理论(Mental Imagery Theory)、网络记忆模型和线索一致性等理论,采用2(捐款形式:清晰VS模糊)×2(品牌一慈善事件契合度:高VS低)组间因子实验设计,探讨捐款形式、契合度、消费者感知诚意对善因营销效果的影响机制。经过研究可以总结四点结论:第一,在善因营销中,企业捐款形式如果采用清晰表达形式,消费者品牌态度和购买意愿显著大于采用模糊形式的宣传;第二,在善因营销中,如果品牌与事件契合度高时,消费者品牌态度和购买意愿显著大于品牌-事件契合度低时;第三,在善因营销中,捐款形式和品牌-慈善事件契合度共同对消费者品牌态度和购买意愿产生影响,也就是说二者的交互效应是显著的。具体来说,当捐款形式为清晰与契合度高时,消费者对品牌态度和购买意愿最高;而捐款形式模糊与契合度低时，消费者对品牌态度和购买意愿最低，其余情境下消费者对品牌态度和购买意愿处于中等水平；第四，感知诚意在捐款形式和契合度与消费者品牌态度和购买意愿之间起到部分中介作用。

(5) 慈善信息传播特征和机制研究

在归纳分析善因营销信息常见的传播方式的基础上，基于传染病模型，建立“单一慈善信息传播过程”模型、“相似慈善信息影响”“慈善信息差异性分析”等三个模型，并进行求解，从而得到善因营销中慈善信息传播的主要特征和传播机制。

在“单一慈善信息传播过程”模型的建立与求解中，主要选取新浪微博平台中“鸿星尔克驰援武汉”的微博信息为例，对其进行为期一个月(2021 年 7 月 21 日 17 点 54 分至 8 月 21 日 17 点 54 分)的数据监测，将相关数据进行表述和归纳，分析单一慈善消息的传播过程，探究慈善消息传播的规律及特征。研究结果表明：当“鸿星尔克驰援河南”这一慈善消息信息传播时间 t 的范围在 0～5 时，信息热度直线攀升至最高，显示“鸿星尔克驰援河南”这一慈善消息在传播的第一阶段，即 t 的范围处于 0～5 时，显示出高速度与爆发性的特点。当 t 的范围在 5～11 时，随着类似信息的大量涌入，“鸿星尔克驰援河南”这一慈善消息的信息热度开始呈现小范围波动下降，但仍保持着较高的热度扩散到更广的范围，符合第二阶段范围广、上升幅度逐渐缩小的特点。而当 t 的范围在 11～30 时，“鸿星尔克驰援河南”这一慈善消息信息的热度明显锐减，其后也一直保持着低热度趋向最小值 0，符合最后消散阶段的特点。

在“相似慈善信息影响”模型的建立与求解过程中，主要以 361°运动品牌于 2021 年 20 点 38 分发布的类似慈善消息进行数据定时截取式监测，得到 30 组原始数据，利用建立的微分方程组对虚拟微博 t 时刻易感者 $S(t)$、潜伏者 $E(t)$、感染者 $I(t)$和免疫者 $D(t)$的数量变化率的深层分析。利用 Matlab 对建立的微分方程组求解，从而得出原信息得知“相似慈善信息影响”模型中感染人数的变化值。研究结果发现：当 361°运动品牌新信息出现在前期，361°运动品牌新信息的关注量也会迅速增加，361°运动品牌新信息替代了原鸿星尔克信息进行扩散，原鸿星尔克信息的传播在一定情况下按某一速率减少。当 361°运动品牌新信息出现在后期，群众都已经知道相关的原信息，对原鸿星尔克信息的关注量会减少，同时，361°运动品牌新信息的传播量也会缓慢增加，逐渐也进入一个瓶颈期。

在“慈善信息差异性分析”模型的建立与 RTF 求解过程中，主要对两种类型慈善信息(“鸿星尔克驰援武汉”企业慈善消息和“张艺兴支援河南”个人慈善消息)转发人数的大小分布进行分析。研究结果表明：两者转发指数的方差分析检验的统计变量 $F=$

1.935，显著性差异值 sig=0.032，说明两种不同类型的同一慈善信息阅读指数有着显著性差异。

(6) 各组态因素对善因营销效果影响的敏感度分析

采用神经网络模型来研究各组态因素（企业-消费者契合度、消费者-慈善事件契合度、慈善事件-企业契合度、消费者对产品的卷入度、消费者对慈善事件卷入度、慈善组织宣传形式程度、企业宣传形式程度、消费者感知诚意度）对善因营销效果的影响。将完整的数据集划分为 70%的训练集（70 张问卷），30%的测试集（30 张问卷），拟合得到神经网络模型主要用训练集以及对模型的性能进行评估则用测试集。当训练函数为 trainlm，隐含层个数为 7 时的 ANN 具有所有模型中最优的性能。

研究得出："消费者感知诚意"指标的敏感度为正值（0.332 1），说明该指标的增加会导致营销额的增加，也就是说对营销效果有正向影响。与"消费者感知诚意度"指标相比，"消费者-慈善事件契合度"的敏感度比"消费者感知诚意度"更大，说明"消费者-慈善事件契合度"对善因营销效果的影响作用超过"消费者感知诚意度"。同理，"消费者-慈善事件卷入度"敏感度数值最大，为 3.321 4，说明"消费者-慈善事件卷入度"对于善因营销的效果产生的影响力在 8 项指标中最大，说明"消费者-慈善事件卷入度"对于善因营销的效果产生的正向影响最大。另外，企业-消费者契合度、慈善事件-企业契合度、消费者-产品的卷入度、慈善组织宣传形式程度、企业宣传形式程度等组态因素的指标敏感度也超过了"消费者感知诚意"的敏感度，说明这几项指标对于善因营销的效果影响力均超过"消费者感知诚意"，企业需要引起足够的重视，从不同的指标层面加强企业对善因营销方式和策略的设计，通过全方位、多角度、多层面的善因营销战略规划提高企业的善因营销效果。

7.2 有效提高善因营销效果的措施建议

综上所述，慈善信息传播规律、消费者-慈善事件契合度、卷入度、捐款方式、捐赠方式、企业宣传形式、消费者感知诚意等都会对善因营销的效果产生重要影响，那么我国的企业要提升善因营销效果，必须基于中国企业和中国文化的特征，对影响善因营销的效果的关键因素进行深入的剖析，了解这些因素对善因营销效果的影响力以及敏感度，选择适合自身的善因营销组合策略，吸引更多的消费者参与到善因营销活动中来，更好地履行企业的经济责任和社会责任。本书就企业有效开展善因营销活动、提高营销效果提出以下措施和建议。

(1) 建立企业-消费者之间的感情纽带,提升消费者-慈善事件卷入度

根据前文对消费者-慈善事件的契合度和卷入度对善因营销效果影响的研究结论,只有当企业的慈善事件和善因营销策略实施得当,才能够有效的提升营销效果,反之如果不恰当地利用善因营销,结果可能适得其反。实施善因营销战略的企业,需要与消费者建立长期的感情联系,而不能把善因营销策略当作临时性的“灵丹妙药”。有些企业当自身面临危机的时候,才希望通过实施某种形式的善因营销策略来改善与消费者之间的紧张关系,但这种“临时抱佛脚”的做法很难达到理想的营销效果,消费者往往不会“买账”,因为消费者对企业临时推出的慈善事件“卷入度”不够,以及对慈善事件的了解不够,所以难以在短时间内原谅企业的过失,并且会怀疑企业在利用善因营销的利他动机来弱化其品牌危机,从而产生很多负面的后果。因此,企业实施善因营销战略并且希望达到良好的营销效果,重要的前提和保障是与消费者建立长期的感情纽带,在感情沟通的过程中,树立企业的良好形象,进而推行与消费者契合度较高的慈善事件,实施有效的善因营销策略,而不能够将善因营销作为一种危机处理方式。

根据前文研究的消费者感知诚意的中介作用,如果企业或者企业的品牌与消费者之间建立起感情的纽带(也可称为“情感关系”),包括消费者对企业或品牌的信赖感、自豪度、热情程度、品牌忠诚度等,那么消费者就会对这种产品产生一种心理反应,如果消费者对企业(品牌)的评价良好,甚至达到非常喜爱的程度,那可以认为消费者与企业(品牌)之间已经建立起非常牢固的“感情纽带”(或称为“消费者依恋”),这种关系类似亲人般的情感支撑关系,这个时候消费者与企业之间的信赖度大大提高,甚至产生依赖,而这种感情纽带的建立,会使得消费者对企业的投入大大增加,甚至愿意为企业付出,牺牲自我资源来维系与企业或品牌的良好关系,比如某些消费者愿意接受溢价购买,某些消费者愿意原谅企业的过失行为,还有些消费者弱化对企业的负面营销事件的影响,这种“情感的纽带”关系如果维持得比较稳定,那么就会根深蒂固,不容易被折断。

企业要跟消费者建立起长期的感情纽带,就要让消费者能够获得与企业(品牌)进行充分的交流机会,使消费者达到自我认知和自我提升的效果,使消费者以“情感的纽带”关系为基础对企业(品牌)充满强烈的感情表征。这种正面的“情感纽带”,是提升消费者对慈善事件卷入度的基础和保障,当消费者对企业及其推行的慈善事件达到较高卷入度的时候,才能够有效地延长消费者对企业(品牌)的注意力时间,延长消费者对企业(品牌)的持续关注,从而减弱消费者对其他品牌的关注度,降低其他品牌对消费者的诱惑,使消费者对推行善因营销的企业(品牌)持续投入时间资源和资金资源。

(2) 把握消费心理,提升消费者-慈善事件契合度

提升消费者-慈善事件契合度，对消费者心理的把握至关重要。首先必须对目标消费群体非常了解，要深入剖析目标消费群体的文化特征、审美观、价值观等。善因营销同样要做到精准营销，在设计慈善事件、制定善因营销战略之前，必须对目标客户进行细致、有效的调研和分析。中国地大物博，人口众多，消费者在职业、年龄、收入、社会阶层、受教育程度等方面都存在着明显不同和显著的人口特征，不同地区、不同城市、不同民族之间往往存在着非常大的文化差异，世界范围的文化差异就更加明显了，这些文化差异对消费者心理以及企业实施善因营销策略的成功有着非常大的影响。

把握消费者心理，要对消费者的人口统计特征、心理描述因素和类型等有充分的了解。所以企业必须对目标消费群体展开深入的调研分析，从而因人而异、因地制宜地实施善因营销策略。如在某一地区开展善因营销活动，首先应该了解当地的文化特色和人文特征，通过市场调研尽可能调查清楚当地消费者或者目标客户群体的文化特征、审美观、价值观等，并对目标群体开展有针对性的测试和检验，从而设计出符合当地文化特征和消费者心理特征的慈善事件和善因营销组合策略，有技巧、有针对性地开展善因营销活动，比如清晰的诉求与模糊的诉求在某地区哪一种效果更好，品牌契合度应如何把握等等。尤其是对产品品类丰富、难以找到“对口”资助项目的企业，其产品的多元化、综合性很大程度上增加了有效实施善因营销的难度，如果缺乏市场调研和对目标消费群体的分析，很有可能导致花钱办坏事的结果，因此前期的调研、分析、测试和检验是非常重要的一个环节，是企业提高消费者-慈善事件及品牌契合度的重要参考和依据，企业必须通过调研分析，了解消费者的反应，得到消费者的积极反馈，将契合度高的慈善事件作为善因营销的合作项目。

(3) 企业的核心业务与慈善机构的公益事业要高度契合

大多数企业设计慈善事件以及实施善因营销的时候都会选择与慈善组织进行合作，根据消费者-慈善事件契合度和卷入度对善因营销效果的研究结论，企业如何选择与之合作的慈善组织非常重要，企业必须谨慎考虑、慎重选择。企业与慈善组织要尽量“匹配”，所谓“匹配”也就是契合度要高，即“慈善机构所做的公益事业”与“企业所经营的核心业务”二者之间从企业形象、到产品功能都要力求一致。“慈善机构所做的公益事业”与“企业所经营的核心业务”二者的关联性越大、匹配度越高，越能让消费者感知到企业与慈善组织合作的诚意，提升企业在消费者心目中的形象和地位，从而使消费者产生积极的购买态度，使企业达到理想的善因营销效果。

企业如何选择与之“匹配”的慈善组织开展合作，建议遵循以下原则：首先，慈善组织的公信力是企业应该首要考虑的。一个与企业合作的慈善组织，意味着是企业的信誉和形象的另一个代言人，会长期或者短期与企业绑定在一起，公众在评价企业产品、慈善事件或者慈善项目好坏的时候，会根据慈善组织的公信度和声誉的好坏作为一个不可或缺的判定标准。如果企业选择的慈善组织不具备良好的公信力和声誉，消费者会因此降低对企业的评价，有损于企业的公众形象。其次，企业要通过深入了解每个慈善组织的历史背景、使命、救助范围等，综合评估慈善组织与企业经营业务之间的"匹配"程度，选择与企业实施的善因营销活动具有高契合度和关联性(即高"匹配度")的慈善组织。企业在选择慈善组织之前，一定要考察该慈善组织所做的慈善项目与本企业的产品在多大程度上契合，同时兼顾对目标消费者调查的结果，进行综合的考虑，这样才能做到"匹配合作，携手共赢"。

(4) 注重消费者感知诚意，提高消费者响应

善因营销活动开展的渠道有"媒体、广告、网络、民众"等多种传播渠道，企业还要注重使用合理的渠道开展善因营销活动，当善因营销活动选择了合理、可靠的传播渠道，可以有效地助推企业善因营销活动的开展，及时地将企业实施善因营销活动的信息传达到社会公众和消费者当中，帮助消费者理解企业开展此类活动的细节、动机和活动方式，增加对消费者的感染力和吸引力。企业采用合理时机和合适的渠道宣传善因营销的信息，也有助于提高企业员工的积极性、主动性、认同感和归属感。当前很多电商企业利用网络的渠道进行自主式善因营销活动的推广，效果比较好。

捐款、捐赠额度以及广告表述等宣传形式同样会影响善因营销的效果，主要体现在对消费者感知的影响，因此必须注重消费者的感知。首先，如果企业捐款和捐赠额度的确定比较产品价格来说比率过低，那么消费者会认为企业的这种捐款或者捐赠过于"吝啬"，从而让消费者质疑企业的动机，有可能导致消费者认为企业是在利用慈善组织，达到获取企业自身的利益的目的；相反，如果捐赠比率确定得较高，那么消费者对企业产生良好的顾客感知，对善因营销活动产生更好的消费者感知，进而影响消费者对此企业(品牌)的购买意愿和态度。

善因营销广告的宣传形式也非常重要，采用文字表述还是图片的方式呈现，也会对消费者感知带来不同的影响，从而产生不同的善因营销效果。通常情况下，企业应采取积极和正面的表述方式，这样的表述方式更容易让消费者产生好感；而且，还应注意宣传信息的先后问题，比如善因营销广告中突出的是慈善组织的信息或者图片，那么会产生相对较强的购买意向的消费者感知。所以在善因营销宣传形式的设计中，企业必须非常注重信息文字的表述方式以及图片的呈现顺序、方式等，图片中要突出慈善组织而不是企业自身的产品；另外，捐赠额度适合采用消费者容易验证的方式进行表述，在对

慈善事件宣传的广告中，对捐赠额度的表述客观性越高效果越好，例如“将销售收入的＊＊％捐赠给某慈善组织”这样的表述会比“将销售收入或企业利润的一定比例或一部分捐赠给某慈善组织”能容易赢得消费者的信任，因为在慈善事件宣传中，模糊的表述方式不易验证其真实性，会让消费者感知不到企业的诚意，进而容易导致对消费者的负面影响。

(5) 将善因营销作为企业长期营销战略规划持续推进

企业实施善因营销要想取得成功，企业的顶层设计、高层的管理和决策也至关重要。企业决策层要把握好实施善因营销的战略方向，企业的管理团队还必须进行专业化的操作。企业应该成立专门的善因营销部门，聘请善因营销方面的专家，与公司发展战略相结合，与公司高层共同制定和实施企业的善因营销战略，使善因营销活动或项目的开展与企业的总体发展、产品定位、品牌战略等目标一致、步调统一、宣传协调，既强调善因营销与企业总体发展的一致性、契合度和匹配度等，同时要对善因营销活动的效果进行及时的评估和反馈，并进行适时的调整，以防发生不当操作带来的负面效果。

善因营销的宣传形式、消费者-慈善事件契合度、卷入度对营销效果都会产生非常重要的影响，企业无论采用哪种慈善事件、选择什么样的操作形式（捐款或者捐赠），都要进行专业化的操作，让消费者看到慈善因素与营销因素的合理结合，并且能够落到实处。企业信息的设计和发布，都应该是真实有效的，慈善事件和营销活动如何表述，对外广告如何宣传，都应该参考善因营销专业的研究成果，与善因营销方面的专家进行有效沟通，让专家参与到企业的善因营销活动中来，并与企业高层共同进行顶层设计，最大限度地赢得消费者信赖，排除消费者的怀疑心理，使消费者对企业实施的善因营销活动在第一时间和第一印象中达到深入人心，避免善因营销活动开展不利而受到消费者的质疑，再次挽回不利局面对企业来说要付出非常大的代价。

企业要成立专门的部门和组建专业的团队管理和操作善因营销活动，那么企业的这些部门和人员需要做到密切关注社会事件，抓住有利时机开展善因营销活动，善因营销活动不应成为企业进行危机处理的工具，避免在企业陷入危机的时候使用善因营销手段为企业化解危机，当企业在自身品牌、产品质量、企业形象等方面出现危机的时候，采取善因营销活动作为危机处理方式，往往会对事态发展起到适得其反的结果。

善因营销活动开展的时机选择非常关键，一旦消费者对企业的善因营销活动的动机产生怀疑，善因营销活动将无法获得消费者的支持。而当前媒体非常发达，信息传播的速度非常快，媒体经常曝光一些不良商家为追求销售目的而打着善因营销的旗号，已经加深了消费者对善因营销的误解，所以企业一旦发生表述不当或者时机把握得不好的情况，很容易让消费者产生对企业不利的逆反心理。农夫山泉、万科等知名企业都曾有过时机利用不当或者没有在合适的时机采用恰当的做法而导致善因营销失败的经历，不仅给企业造成了巨大的损失，而且很长时间内难以再次打动消费者，即使企业事后极力地采取挽救措施也无济于事。因此，善因营销时机的把握至关重要，企业要长期保持敏锐的触角，选择合适的时机开展善因营销活动，并且要把握、利用好有利的时机。

企业有效的实施善因营销，要进行长期的善因营销宣传，将善因营销战略作为企业长期的高层战略部署。那么企业在决定实施善因营销活动时，应该对善因营销的活动做出整体的、长远的部署和安排，也就是将其作为企业长期发展战略的一部分来把握，而不能将其视为一种短期行为或者是企业的一种“作秀”活动，善因营销的实施必须有企业的运营机制、长远规划和宏观战略支持，甚至上升到企业文化的范畴，将善因营销和企业履行社会责任的理念作为一种企业文化，宣传、渗透、融入企业每一位员工的思想意识中，如果企业员工能够积极、主动，甚至是自豪地开展企业的善因营销活动，那就说明企业的定位和战略目标是合理的，企业员工也会对企业增强认同感和归属感。只有将善因营销的理念作为企业文化进行宣传和推广，才能够从企业高层管理者到普通员工都全力投入到善因营销中去，达到经济效益与社会效益的有机结合，而这种投入不仅包括资金上的投入，而且包括时间和精力上的投入。只有将善因营销作为企业的长远战略，才能赢得消费者的信赖，在企业实施善因营销的时候，消费者才能够真正感知到企业的诚意，企业才能够达到经济效益与社会效益完美结合的良好营销效果。

7.3　研究创新

(1) 以消费者-慈善事件契合度、卷入度、企业捐款形式、消费者感知诚意、慈善信息传播机制等组态因素对营销效果的影响作为研究切入点，构建了“消费者-慈善事件契合度等组态因素对善因营销效果影响”的理论研究框架，深入研究了善因营销中各组态因素对营销效果的影响，并进行了敏感度的分析，本研究充实了善因营销理论研究的内容。

(2) 基于 Citespace 分析方法，对善因营销的内涵、类型及发展历程进行了系统回顾，尤其对善因营销论文发表篇数的时间演变历程(2000 年—2021 年)进行了深入分析。对开展善因营销研究的国家和地区分布进行了研究和梳理，制作了“合作研究图谱”；根据文献中关键词热度变化和出现频率，制作了“关键词时间线图”和“关键词时区图”。

（3）通过传染病模型，以微博自媒体平台的热点事件"鸿星尔克驰援河南""361°驰援河南共渡难关"等慈善事件为例，对慈善信息传播的机制进行研究。研究发现更好地制造善因营销信息的"传染源"，打开易感人群的开端，是善因营销策略中首要考虑的问题，同时，不同的信息类型也会影响消费者对善因营销的接受程度和接受态度。

（4）运用神经网络模型对善因营销各组态因素对营销效果影响的相关性指标影响效力（即敏感度）进行分析，测量出不同指标对善因营销效果的敏感度，进而分析评价善因营销组态因素对善因营销效果的影响程度，得出"消费者-慈善事件卷入度"对于善因营销的效果产生的正向影响最大等结论，丰富和深化了企业善因营销干预措施和营销策略。

7.4　不足与未来展望

本书研究了消费者-慈善事件契合度、卷入度、捐款形式、顾客感知诚意、慈善信息传播机制等组态因素对善因营销效果的影响，并对以上组态因素的影响进行了综合评价。本书的研究在一定程度上丰富了善因营销研究领域相关内容，但由于善因营销影响因素多且复杂，研究受到一定限制，本书的研究仍然存在一些不足之处，将在今后的研究中予以完善，具体总结如下：

（1）在捐款形式对善因营销效果的实证研究中，实验对象的样本选择类型略微单一，虽然在内部效度的研究中能够满足和保证，但是对研究结论的外部有效性有所降低。因此，未来研究如果能够将被试者按照性别、年龄、教育水平等人口统计特征进行分类，探讨不同消费者人群对善因营销的响应，则会进一步提升研究结论的外部有效性。另外，善因营销三个要素的研究会朝着更细、更具体化的方向发展。例如：企业产品的不同分类（如享乐产品 VS 功能产品）；慈善事件的沟通过程中媒介的选择（图片 VS 文字），消费者不同教育背景对善因营销的反应（高等教育 VS 中等教育）等。

（2）本书研究中选择了体育品牌作为研究的主要企业品牌，慈善事件也是选择与大学生密切相关慈善事件，选择了大学生创新活动和关爱老年人的活动。这种选择虽然能够保证成功地进行实验操控，但是却在研究结论的使用范围上有所限制。因此未来研究可以将范围扩大到更多的品牌和更多类型的慈善事件，也可以选择未来关注度更高的社会突发事件中的慈善事件进行研究，比如食品安全问题、环境保护问题、抗击疫情相关问题中的慈善事件和相关品牌，这样可以使研究的结论更加丰富，并在不同的高关注度的社会问题中得以推广和应用。

(3) 在捐款形式对消费者响应的研究中,对产品类别没有包含特别商品的考虑,特别是一些特殊类别的产品,比如“享乐型产品”“奢侈品”等,这些特殊产品与捐款形式或契合度的交互作用,是不是模糊的宣传形式有可能要好于清晰的宣传形式,因为消费者在消费享乐产品或奢侈品的时候,可能会有一定的负疚感。因此,未来的研究可以将产品分门别类地开展研究,考虑不同产品类别与捐款形式对消费者响应的不同影响。在未来的研究中可以建立更加系统的研究框架,研究视角不仅仅局限于消费者对善因营销的企业或者产品和品牌的态度,还可以设计一个比较综合性的系统模型,把企业、品牌、慈善机构和消费者行为进行可量化的系统模型研究。

(4) 本书尝试应用了神经网络模型综合评价了不同组态因素对善因营销效果的影响程度,未来还可以进一步利用神经网络模型,增加善因营销影响因素“神经元”,进行更加系统全面的研究。本书对善因营销效果的评估,是从企业的角度进行营销效果的判断和评估的,营销效果主要以营销额为依据。未来的研究还可以从善因营销的其他影响因素(比如慈善机构的角度)去定义和评估善因营销的效果。企业是营利组织视角,而慈善机构是非营利组织的视角,那么未来的研究可以从不同的视角系统评估善因营销组态因素对善因营销效果的影响。

附录1 “事件与消费者契合度高”调查问卷

尊敬的受访者：

您好！我们是XX大学公益营销研究小组的成员。本次调查的目的，是想了解您在日常生活中如何看待公益事件营销，以及如何进行购物选择。请您在数字下面对应的方框内打勾。此次调查问卷以匿名方式填写。本调查问卷的任何信息都将严格保密，所以您可以放心做答。答案无对错之分，请您认真按照自己的理解作答，非常感谢您在百忙之中抽出时间来填写这份问卷。

361°运动品牌一直致力于公益事业，履行自己的企业社会责任，现如今在全国大学生毕业之际，为了鼓励大学生自主创新创业，特委托中华慈善基金会成立“361°关注大学生创新创业活动”基金，企业承诺从现在开始一年时间内，每销售一双运动鞋，将为基金捐赠1元人民币，为各大高校毕业生举办创新创业活动募集资金。

	完全不同意1	不同意2	无所谓3	同意4	完全同意5
1. 我认为该活动和我非常接近	□	□	□	□	□
2. 我认为该活动的宣传口号和我非常接近	□	□	□	□	□
3. 我认为该活动的定位和我非常接近	□	□	□	□	□
4. 我认为这次的营销活动非常好	□	□	□	□	□
5. 我认为这次的营销活动非常有用	□	□	□	□	□
6. 我非常赞成这次的营销活动	□	□	□	□	□
7. 我愿意参与到这次捐赠活动中	□	□	□	□	□
8. 我非常愿意购买361度的运动鞋	□	□	□	□	□
9. 我非常有可能购买361度的运动鞋	□	□	□	□	□
10. 这次的营销活动是与我有关的	□	□	□	□	□
11. 这次的营销活动对我有重要意义	□	□	□	□	□
12. 这次的营销活动让我很兴奋	□	□	□	□	□

您的基本情况：

您的性别是［单选］

○ 男

○ 女

请选择您的年龄段［单选］

○ 20岁以下

○ 21～25岁

○ 26～30岁

○ 31～35岁

○ 36岁以上

请选择您的最高学历［单选］

○ 高中及以下

○ 在校大学生

○ 学士学位

○ 在校研究生

○ 硕士及以上

请选择你的职业类型［单选］

○ 学生

○ 国有企业

○ 事业单位

○ 公务员

○ 民营企业

○ 外资企业

请选择您的月收入水平(元)［单选］

○ <3 000 RMB

○ 3 000～5 000 RMB

○ 5 000～7 000 RMB

○ 7000～9000 RMB

○ >9000 RMB

问卷到此结束，请检查是否有漏填的题项。对您的大力合作，我们表示最衷心的感谢！

附录 2 “事件与消费者契合度低”调查问卷

尊敬的受访者：

您好！我们是 XX 大学公益营销研究小组的成员。本次调查的目的，是想了解您在日常生活中如何看待公益事件营销，以及如何进行购物选择。请您在数字下面对应的方框内打勾。此次调查问卷以匿名方式填写。本调查问卷的任何信息都将严格保密，所以您可以放心做答。答案无对错之分，请您认真按照自己的理解作答，非常感谢您在百忙之中抽出时间来填写这份问卷。

361 度运动品牌一直致力于公益事业，履行自己的企业社会责任，现如今在全国孤寡老人逐渐增多，为了体现社会大家庭的关爱和温暖，特委托中华慈善基金会成立“361 度送温暖关爱孤寡老人”基金，企业承诺从现在开始一年时间内，每销售一双运动鞋，将为基金捐赠 1 元人民币，为各城市孤寡老人募集资金提供物资。

	完全不同意 1	不同意 2	无所谓 3	同意 4	完全同意 5
1. 我认为该活动和我非常接近	□	□	□	□	□
2. 我认为该活动的宣传口号和我非常接近	□	□	□	□	□
3. 我认为该活动的定位和我非常接近	□	□	□	□	□
4. 我认为这次的营销活动非常好	□	□	□	□	□
5. 我认为这次的营销活动非常有用	□	□	□	□	□
6. 我非常赞成这次的营销活动	□	□	□	□	□
7. 我愿意参与到这次捐赠活动中	□	□	□	□	□
8. 我非常愿意购买 361 度的运动鞋	□	□	□	□	□

9. 我非常有可能购买 361 度的运动鞋	□	□	□	□	□
10. 这次的营销活动是与我有关的	□	□	□	□	□
11. 这次的营销活动对我有重要意义	□	□	□	□	□
12. 这次的营销活动让我很兴奋	□	□	□	□	□

您的基本情况：

您的性别是[单选]

○男

○女

请选择您的年龄段[单选]

○20 岁以下

○21～25 岁

○26～30 岁

○31～35 岁

○36 岁以上

请选择您的最高学历[单选]

○高中及以下

○在校大学生

○学士学位

○在校研究生

○硕士及以上

请选择你的职业类型[单选]

○学生

○国有企业

○事业单位

○公务员

○民营企业

○外资企业

请选择您的月收入水平(元)[单选]

○<3 000 RMB

○3 000～5 000 RMB

○5 000～7 000 RMB

○7 000～9 000 RMB

○＞9 000 RMB

问卷到此结束，请检查是否有漏填的题项。对您的大力合作，我们表示最衷心的感谢！

附录 3 “品牌与事件契合度高-清晰”调查问卷

尊敬的受访者：

您好！我们是 XX 大学公益营销研究小组的成员。本次调查的目的，是想了解您在日常生活中如何看待公益事件营销，以及如何进行购物选择。请您在数字下面对应的方框内打勾。此次调查问卷以匿名方式填写。本调查问卷的任何信息都将严格保密，所以您可以放心做答。答案无对错之分，请您认真按照自己的理解作答，非常感谢您在百忙之中抽出时间来填写这份问卷。

在您所了解和知道的运动品牌中，您认为哪个品牌的形象、宣传口号、品牌定位和您最为接近？ A:________。(不必限于下列品牌)。该品牌承诺为丰富希望工程小学课后娱乐活动，承诺从即日起 6 个月内每销售 1 双运动鞋，将部分收入捐赠给希望小学用于购买文体用品。(耐克)、(锐步)、(阿迪达斯)、(彪马)、(斐乐)、(美津侬)、(茵宝)、(卡帕)、(李宁)、(安踏)、(乔丹)、(361 度)、(特步)、(匹克)、(沃特)、(双星)、(鸿星尔克)等。

	完全不同意 1	不同意 2	不太同意 3	无所谓 4	比较同意 5	同意 6	完全同意 7
1. 我认为 A 品牌为希望工程捐款购买文体用具非常合适	□	□	□	□	□	□	□
2. 我认为给希望工程捐款购买文体用具对于 A 品牌来说再合适不过了	□	□	□	□	□	□	□
3. 我认为这次的营销活动非常好	□	□	□	□	□	□	□
4. 我认为这次的营销活动非常有用	□	□	□	□	□	□	□
5. 我非常赞成这次的营销活动	□	□	□	□	□	□	□

6. 我认为这次的营销活动是正面的	□	□	□	□	□	□	□
7. 我非常愿意购买 A 品牌的运动鞋	□	□	□	□	□	□	□
8. 我非常有可能购买 A 品牌的运动鞋	□	□	□	□	□	□	□
9. 这次的营销活动是与我有关的	□	□	□	□	□	□	□
10. 这次的营销活动对我有重要意义	□	□	□	□	□	□	□
11. 这次的营销活动让我很兴奋	□	□	□	□	□	□	□
12. A 品牌宣传活动说明得很	模糊——详细						
	宽泛——具体						
	无用——有用						
13. 这次的营销活动对我有重要意义	□	□	□	□	□	□	□
14. 这次的营销活动让我很兴奋	□	□	□	□	□	□	□

您的基本情况：

您的性别是［单选］

○ 男

○ 女

请选择您的年龄段［单选］

○ 20 岁以下

○ 21～25 岁

○ 26～30 岁

○ 31～35 岁

○ 36 岁以上

请选择您的最高学历［单选］

○ 高中及以下

○ 在校大学生

○ 学士学位

○ 在校研究生

○ 硕士及以上

请选择你的职业类型［单选］

○ 学生

○ 国有企业

○ 事业单位

○ 公务员

○ 民营企业

○ 外资企业

请选择您的月收入水平(元)[单选]

○ <3 000 RMB

○ 3 000～5 000 RMB

○ 5 000～7 000 RMB

○ 7 000～9 000 RMB

○ >9 000 RMB

问卷到此结束,请检查是否有漏填的题项。对您的大力合作,我们表示最衷心的感谢!

附录 4 “品牌与事件契合度高-模糊”调查问卷

尊敬的受访者：

您好！我们是 XX 大学公益营销研究小组的成员。本次调查的目的，是想了解您在日常生活中如何看待公益事件营销，以及如何进行购物选择。请您在数字下面对应的方框内打勾。此次调查问卷以匿名方式填写。本调查问卷的任何信息都将严格保密，所以你可以放心做答。答案无对错之分，请您认真按照自己的理解作答，非常感谢您在百忙之中抽出时间来填写这份问卷。

在您所了解和知道的运动品牌中，您认为哪个品牌的形象、宣传口号、品牌定位和您最为接近？ A：________。

(不必限于下列品牌)。该品牌承诺为丰富希望工程小学课后娱乐活动，承诺从即日起 6 个月内每销售 1 双运动鞋，将部分收入捐赠给希望小学用于购买文体用品。(耐克)、(锐步)、(阿迪达斯)、(彪马)、(斐乐)、(美津侬)、(茵宝)、(卡帕)、(李宁)、(安踏)、(乔丹)、(361 度)、(特步)、(匹克)、(沃特)、(双星)、(鸿星尔克)等。

	完全不同意 1	不同意 2	不太同意 3	无所谓 4	比较同意 5	同意 6	完全同意 7
1. 我认为 A 品牌为希望工程捐款购买文体用具非常合适	□	□	□	□	□	□	□
2. 我认为给希望工程捐款购买文体用具对于 A 品牌来说再合适不过了	□	□	□	□	□	□	□
3. 我认为这次的营销活动非常好	□	□	□	□	□	□	□
4. 我认为这次的营销活动非常有用	□	□	□	□	□	□	□
5. 我非常赞成这次的营销活动	□	□	□	□	□	□	□
6. 我认为这次的营销活动是正面的	□	□	□	□	□	□	□

7. 我非常愿意购买A品牌的运动鞋	□	□	□	□	□	□	□
8. 我非常有可能购买A品牌的运动鞋	□	□	□	□	□	□	□
9. 这次的营销活动是与我有关的	□	□	□	□	□	□	□
10. 这次的营销活动对我有重要意义	□	□	□	□	□	□	□
11. 这次的营销活动让我很兴奋	□	□	□	□	□	□	□
12. A品牌宣传活动说明的很	模糊——详细						
	宽泛——具体						
	无用——有用						
13. 这次的营销活动对我有重要意义	□	□	□	□	□	□	□
14. 这次的营销活动让我很兴奋	□	□	□	□	□	□	□

您的基本情况：

您的性别是[单选]

○ 男

○ 女

请选择您的年龄段 [单选]

○ 20岁以下

○ 21～25岁

○ 26～30岁

○ 31～35岁

○ 36岁以上

请选择您的最高学历 [单选]

○ 高中及以下

○ 在校大学生

○ 学士学位

○ 在校研究生

○ 硕士及以上

请选择你的职业类型 [单选]

○ 学生

○ 国有企业

○ 事业单位

○ 公务员

○ 民营企业

○ 外资企业

请选择您的月收入水平(元)［单选］

○ ＜3000 RMB

○ 3000～5000 RMB

○ 5000～7000 RMB

○ 7000～9000 RMB

○ ＞9000RMB

问卷到此结束,请检查是否有漏填的题项。对您的大力合作,我们表示最衷心的感谢!

附录 5 “品牌与事件契合度低-模糊”调查问卷

尊敬的受访者：

您好！我们是 XX 大学公益营销研究小组的成员。本次调查的目的，是想了解您在日常生活中如何看待公益事件营销，以及如何进行购物选择。请您在数字下面对应的方框内打勾。此次调查问卷以匿名方式填写。本调查问卷的任何信息都将严格保密，所以您可以放心做答。答案无对错之分，请您认真按照自己的理解作答，非常感谢您在百忙之中抽出时间来填写这份问卷。

在您所了解和知道的运动品牌中，您认为哪个品牌的形象、宣传口号、品牌定位和您最为接近？ A：________。
(不必限于下列品牌)。该品牌承诺为广大市民预防和治疗慢病，承诺从即日起 6 个月内每销售 1 双运动鞋将部分收入捐赠给慢病防治健康行公益活动用于购买慢病防治用具 (耐克)、(锐步)、(阿迪达斯)、(彪马)、(斐乐)、(美津侬)、(茵宝)、(卡帕)、(李宁)、(安踏)、(乔丹)、(361 度)、(特步)、(匹克)、(沃特)、(双星)、(鸿星尔克)等。

	完全不同意 1	不同意 2	不太同意 3	无所谓 4	比较同意 5	同意 6	完全同意 7
1. 我认为 A 品牌给慢病防治健康行公益活动捐款购买慢病防治用具非常合适	□	□	□	□	□	□	□
2. 我认为给慢病防治健康行公益活动捐款购买慢病防治用具对于 A 品牌来说再合适不过了	□	□	□	□	□	□	□
3. A 品牌是真心为希望工程做贡献	□	□	□	□	□	□	□
4. 希望工程能从该活动中获得很大利益	□	□	□	□	□	□	□
5. A 品牌支持希望工程非常有诚意	□	□	□	□	□	□	□
6. 我认为这次的营销活动非常好	□	□	□	□	□	□	□

7. 我认为这次的营销活动非常有用	□	□	□	□	□	□	□
8. 我非常赞成这次的营销活动	□	□	□	□	□	□	□
9. 我认为这次的营销活动是正面的	□	□	□	□	□	□	□
10. 我非常愿意购买 A 品牌的运动鞋	□	□	□	□	□	□	□
11. 我非常有可能购买 A 品牌的运动鞋	□	□	□	□	□	□	□
12. A 品牌宣传活动说明的很	模糊——详细						
	宽泛——具体						
	无用——有用						
13. 这次的营销活动对我有重要意义	□	□	□	□	□	□	□
14. 这次的营销活动让我很兴奋	□	□	□	□	□	□	□

您的基本情况：

您的性别是[单选]

○ 男

○ 女

请选择您的年龄段[单选]

○ 20 岁以下

○ 21～25 岁

○ 26～30 岁

○ 31～35 岁

○ 36 岁以上

请选择您的最高学历[单选]

○ 高中及以下

○ 在校大学生

○ 学士学位

○ 在校研究生

○ 硕士及以上

请选择你的职业类型[单选]

○ 学生

○ 国有企业

○ 事业单位

○ 公务员

○ 民营企业

○ 外资企业

请选择您的月收入水平(元)[单选]

○ <3 000 RMB

○ 3 000～5 000 RMB

○ 5 000～7 000 RMB

○ 7 000～9 000 RMB

○ >9 000 RMB

问卷到此结束,请检查是否有漏填的题项。对您的大力合作,我们表示最衷心的感谢!

附录6 “品牌与事件契合度低-清晰”调查问卷

尊敬的受访者：

您好！我们是XX大学公益营销研究小组的成员。本次调查的目的，是想了解您在日常生活中如何看待公益事件营销，以及如何进行购物选择。请您在数字下面对应的方框内打勾。此次调查问卷以匿名方式填写。本调查问卷的任何信息都将严格保密，所以您可以放心做答。答案无对错之分，请您认真按照自己的理解作答，非常感谢您在百忙之中抽出时间来填写这份问卷。

在您所了解和知道的运动品牌中，您认为哪个品牌的形象、宣传口号、品牌定位和您最为接近？ A：________。

(不必限于下列品牌)。运动品牌A为广大市民预防和治疗慢病，承诺从即日起6个月内每销售1双运动鞋将捐赠给慢病防治健康行公益活动2元用于购买慢病防治用具。(耐克)、(锐步)、(阿迪达斯)、(彪马)、(斐乐)、(美津侬)、(茵宝)、(卡帕)、(李宁)、(安踏)、(乔丹)、(361度)、(特步)、(匹克)、(沃特)、(双星)、(鸿星尔克)等。

	完全不同意1	不同意2	不太同意3	无所谓4	比较同意5	同意6	完全同意7
1. 我认为A品牌给慢病防治健康行公益活动捐款购买慢病防治用具非常合适	□	□	□	□	□	□	□
2. 我认为给慢病防治健康行公益活动捐款购买慢病防治用具对于A品牌来说再合适不过了	□	□	□	□	□	□	□
3. A品牌是真心为希望工程做贡献	□	□	□	□	□	□	□
4. 希望工程能从该活动中获得很大利益	□	□	□	□	□	□	□

续表

5. A 品牌支持希望工程非常有诚意	□	□	□	□	□	□	□
6. 我认为这次的营销活动非常好	□	□	□	□	□	□	□
7. 我认为这次的营销活动非常有用	□	□	□	□	□	□	□
8. 我非常赞成这次的营销活动	□	□	□	□	□	□	□
9. 我认为这次的营销活动是正面的	□	□	□	□	□	□	□
10. 我非常愿意购买 A 品牌的运动鞋	□	□	□	□	□	□	□
11. 我非常有可能购买 A 品牌的运动鞋	□	□	□	□	□	□	□
12. A 品牌宣传活动说明的很	模糊——详细						
	宽泛——具体						
	无用——有用						
13. 这次的营销活动对我有重要意义	□	□	□	□	□	□	□
14. 这次的营销活动让我很兴奋	□	□	□	□	□	□	□

您的基本情况：

您的性别是[单选]

○ 男

○ 女

请选择您的年龄段[单选]

○ 20 岁以下

○ 21～25 岁

○ 26～30 岁

○ 31～35 岁

○ 36 岁以上

请选择您的最高学历[单选]

○ 高中及以下

○ 在校大学生

○ 学士学位

○ 在校研究生

○ 硕士及以上

请选择你的职业类型[单选]

○ 学生

○ 国有企业

○ 事业单位

○ 公务员

○ 民营企业

○ 外资企业

请选择您的月收入水平(元)[单选]

○ ＜3000 RMB

○ 3000～5000 RMB

○ 5000～7000 RMB

○ 7000～9000 RMB

○ ＞9000RMB

问卷到此结束,请检查是否有漏填的题项。对您的大力合作,我们表示最衷心的感谢!

附录 7　关于人们对公益营销的态度的调查问卷

（用于网络调查）

您好！

我们正在做一份关于“人们对公益营销的态度”的调查，此次调查问卷以匿名方式填写。本调查问卷的任何信息都将严格保密，所以您可以放心做答。答案无对错之分，请您认真按照自己的理解作答即可，非常感谢您在百忙之中抽出时间来填写这份问卷。

1. 您的性别是［单选］

（1）男

（2）女

2. 您的年龄［单选］

（1）20 岁及以下

（2）21～30 岁

（3）31～40 岁

（4）41～50 岁

（5）50 岁以上

3. 您的受教育程度［单选］

（1）初中及以下

（2）高中

（3）大专

（4）本科

（5）硕士及以上

4. 您是否经常关注公益活动[单选]

(1) 比较关注

(2) 偶尔接触

(3) 很少关注

(4) 从不关注

5. 您是否经常参与公益活动[单选]

(1) 经常主动参与

(2) 偶尔参与

(3) 基本不参与

6. 请问您对公益营销的了解[单选]

(1) 非常关注

(2) 一般了解

(3) 只是听说而已

(4) 一无所知

7. 您认为企业参与公益活动的效果怎么样?[单选]

(1) 社会效益大

(2) 会扩大企业利益

(3) 基本没用处

(4) 会增加企业成本

8. 请问您是从哪些渠道了解到公益营销?[单选]

(1) 传统纸媒

(2) 电视电台

(3) 社交平台(微博、微信、豆瓣等)

(4) 门户网站

(5) 企业活动推广

(6) 口头传播

(7) 其他

9. 请问您是如何看待公益营销?[单选]

(1) 支持,这是一种双赢 ,有利于增强企业的社会责任感,有益社会发展

(2) 反对,并不能对公益起到很好的效果 ,并不能对公益起到很好的效果

(3) 无所谓,做不做公益并不影响我的消费

10. 您认为企业进行公益行为是出于什么动机？[单选]

(1) 纯粹造福社会

(2) 三分利己，七分利人

(3) 纯粹为企业谋利

(4) 三分利人，七分利己

11. 以下哪种类型的公益营销方式给您留下的印象更深？[单选]

(1) 企业通过微博、微信客户端，记录企业的公益活动

(2) 企业通过大众点赞或评论，为公益活动助力

(3) 企业以微电影形式，制作公益短片

(4) 企业拍摄纪实类的节目并上传到网络平台

(5) 企业举办公益慈善活动、赞助慈善机构

(6) 其他

12. 请问您相信企业在营销过程中会真正落实其承诺的公益部分吗？[单选]

(1) 一贯相信企业会落实

(2) 比较相信大品牌企业会落实

(3) 从不相信企业会落实

(4) 不在乎企业是否会落实

13. 请问您更支持企业在以下哪些方向做公益营销？[单选]

(1) 自然环境保护

(2) 灾后重建援助

(3) 贫困援助

(4) 弱势群体援助

(5) 教育支持

(6) 文化保护传承

(7) 其他

14. 请问您在日常生活中接触过以下类似事例吗？[单选]

(1) 企业与基金会合作，共建希望小学

(2) 企业组织员工义卖产品

(3) 消费者购买一件物品，企业捐一分钱

(4) 以上都没有接触

15. 您认为企业的公益营销会提升该企业的品牌形象吗？[单选]

(1) 有所帮助

(2) 关系不大

(3) 有一定副作用

16. 企业的公益营销会促进您购买其相关产品吗?[单选]

(1) 基本没有影响,对已参加活动的企业品牌没有印象

(2) 有一些影响,但仍会考虑品质与价格

(3) 有很大影响,更愿意购买此类产品

附录 8 “神经网络模型”的调查问卷统计表

编号	营销额	消费者与慈善事件契合度	企业(品牌)与消费者契合度	慈善事件与企业契合度	消费者对慈善事件卷入度	消费者对产品的卷入度	宣传形式满意度	企业宣传形式满意度	消费者感知诚意
1	385	1	0	1	2	4	2	3	1
2	358	7	2	1	2	2	4	2	4
3	119	4	1	2	2	4	5	6	3
4	258	7	2	3	0	5	5	1	6
5	253	2	3	7	3	0	1	5	3
6	173	6	0	5	0	2	1	1	4
7	119	0	2	5	3	5	5	4	2
8	128	7	1	0	0	1	4	4	1
9	266	1	0	7	2	2	2	7	1
10	172	4	4	1	2	3	3	7	4
11	176	4	6	1	4	0	3	3	4
12	107	5	4	7	0	3	1	2	2
13	121	0	5	5	6	3	1	3	2
14	329	6	2	7	5	1	3	5	7
15	102	4	2	3	4	3	3	5	4
16	274	1	5	4	7	1	5	7	6
17	48	6	0	5	7	4	0	1	7
18	320	1	7	0	5	6	6	1	3
19	91	2	5	3	0	6	7	4	1
20	204	7	1	6	2	1	5	0	7

续表

21	270	2	3	5	7	1	2	0	7
22	178	0	6	7	2	7	0	2	0
23	371	1	1	2	7	3	6	5	6
24	155	6	3	7	6	0	3	5	4
25	199	1	3	5	0	5	5	2	6
26	110	6	0	6	0	7	4	3	0
27	344	0	5	7	7	7	0	4	2
28	196	1	2	6	0	7	3	5	3
29	180	5	5	3	1	6	0	1	7
30	177	4	1	6	1	5	2	1	4
31	324	2	2	3	1	4	5	4	3
32	285	4	6	5	7	0	5	4	3
33	142	4	7	4	7	6	1	4	4
34	184	2	6	0	5	2	7	4	1
35	188	5	7	2	6	5	6	0	0
36	112	2	6	7	3	6	6	6	0
37	449	0	0	6	1	4	6	3	4
38	424	6	7	5	4	6	2	6	1
39	109	2	5	6	2	6	5	4	7
40	321	5	5	4	3	6	4	3	4
41	284	4	4	6	0	7	5	6	5
42	68	0	5	5	7	5	2	0	0
43	156	6	5	1	3	5	4	2	7
44	226	0	3	0	7	6	7	7	7
45	340	6	4	3	2	3	7	6	5
46	430	6	0	2	5	6	0	2	5
47	143	6	5	3	7	3	3	0	6
48	400	1	1	0	4	2	1	0	6
49	256	3	1	6	7	4	2	5	7
50	79	5	6	4	0	5	5	7	1
51	176	6	3	7	7	5	3	5	0
52	306	2	1	3	5	4	4	7	3
53	281	3	6	6	3	2	3	4	1
54	135	4	6	7	6	7	2	5	2
55	221	5	1	0	2	7	7	2	1
56	370	5	7	7	4	1	3	2	4
57	269	6	2	3	3	6	1	3	1

续表

58	261	4	3	6	5	5	1	4	6
59	307	1	4	5	1	6	4	2	0
60	412	6	2	6	0	1	7	0	0
61	166	1	5	0	2	6	3	5	1
62	261	0	0	4	1	2	5	1	4
63	364	7	2	7	3	6	7	1	0
64	250	7	1	1	6	6	3	1	0
65	126	7	0	5	1	2	6	5	5
66	148	2	7	2	4	4	6	4	6
67	62	5	0	3	7	5	3	7	3
68	316	2	0	3	6	6	4	0	4
69	69	0	1	7	4	0	3	1	5
70	276	5	2	4	2	0	2	5	5
71	268	7	0	4	7	3	3	1	7
72	272	1	3	0	2	4	2	3	1
73	391	2	6	6	5	0	1	4	3
74	421	3	4	1	5	6	7	4	3
75	237	4	5	2	0	3	0	4	5
76	220	4	5	2	5	6	2	3	3
77	363	1	5	0	3	0	3	2	6
78	407	7	2	2	4	2	1	3	3
79	359	6	0	3	4	3	3	0	0
80	147	5	4	3	5	4	5	2	3
81	269	2	2	5	1	4	4	1	7
82	260	6	5	3	3	1	5	7	2
83	441	1	5	2	5	1	0	5	1
84	292	4	3	3	1	6	2	1	1
85	190	3	0	4	2	6	3	4	4
86	261	6	4	5	5	4	4	0	4
87	338	6	6	0	7	7	2	2	0
88	350	5	2	2	5	1	3	5	7
89	257	3	2	3	2	3	2	4	2
90	169	2	4	6	0	3	0	6	6
91	254	0	5	3	5	1	7	1	6
92	69	2	4	6	3	2	4	0	0
93	112	2	5	4	5	5	3	1	6
94	111	3	7	5	5	4	3	1	4

续表

95	208	0	2	5	2	1	3	3	7
96	286	2	6	4	4	4	4	1	0
97	250	6	6	2	2	0	3	6	3
98	381	4	4	6	2	4	0	5	6
99	172	2	4	0	0	6	4	6	2
100	77	5	5	1	3	2	7	7	2

参考文献

[1] BARONE M J,MIYAZAKI A D,TAYLOR K A. The influence of cause－related marketing on consumer choice:does one good turn deserve another? [J]. Journal of the Academy of Marketing Science,2000,28(2):248-262.

[2] 张安然,许正良,喻昕.善因营销捐赠额度和广告导向对消费者反应的影响研究[J].南开管理评论, 2020,23(04):12-24.

[3] 林少龙,纪婉萍.消费者的品牌认同、善因认同与内在道德认同如何促进善因营销的成功[J].南开管理评论,2020,23(4)25-36.

[4] 蔡文著,黄祥辉.善因营销对消费者放纵行为的影响研究[J].当代财经,2021(6):89-99.

[5] ROSS J K,PATTERSON L T,STUTTS M A. Consumer perceptions of organizations that use cause-related marketing[J]. Journal of the Academy of Marketing Science,1992,20(1):93-97.

[6] BRØNN P S,VRIONI A B. Corporate social responsibility and cause-related marketing:an overview[J]. International Journal of Advertising,2001,20(2):207-222.

[7] GUPTA S,PIRSCH J. The company-cause-customer fit decision in cause-related marketing[J]. Journal of Consumer Marketing,2006,23(6):314-326.

[8] VARADARAJAN P R, MENON A. Cause-related marketing: a coalignment of marketing strategy and corporate philanthropy[J]. Journal of Marketing,1988,52(3):58-74.

[9] Sridhar,Samu,. The effect of fit and dominance in cause marketing communications [J]. Journal of Business Research,2009,62(4):432-440.

[10] THAMARAISELVAN N,. Role of celebrity in cause related marketing[J]. International Review on Public and Nonprofit Marketing, 2017, 14(3): 341-357.

[11] KUMAR V. Global implications of cause-related loyalty marketing[J]. International Marketing Review, 2020, 37(4): 747-772.

[12] 朱翊敏. 善因营销中契合类型与信息框架对消费者响应的影响[J]. 南开管理评论, 2014, 17(04): 128-139. [13] 毕楠, 银成钺, 康茜. 中国情境下影响消费者感知成功善因营销的多案例研究[J]. 管理学报, 2016, 13(03): 347-358.

[13] 毕楠, 银成钺, 康茜. 中国情境下影响消费者感知成功善因营销的多案例研究[J]. 管理学报, 2016, 13(03): 347-358.

[14] KIPROP B, SAMII L. Cause-related marketing in a polarized global marketplace [J]. Journal of Brand Strategy, 2021, 9(3): 271-283.

[15] 王晓珍, 李雪峰, 叶靖雅, 等. 社会责任匹配性对消费者品牌态度影响研究[J]. 软科学, 2017, 31(9)128-132.

[16] 王欣, 潘万腾, 刘慧敏等. 折扣程度对顾客参与型产品偏好的影响研究[J]. 管理学报, 2019, 16(08): 1217-1227.

[16] 王欣, 潘万腾, 刘慧敏, 等. 折扣程度对顾客参与型产品偏好的影响研究[J]. 管理学报, 2019, 16(08): 1217-1227.

[17] 汪旭晖, 冯文琪, 张杨. "化险为夷"还是"雪上加霜"?: 负面网络口碑情境下零售企业社会责任行为对品牌权益的影响研究[J]. 商业经济与管理, 2015(7): 2015(07): 5-15.

[18] HONGWEI HE. Cause-related marketing and employee engagement: the roles of admiration, implicit morality beliefs, and moral identity[J]. Journal of Business Research, 2019, 95: 83-92.

[19] WOODROOF P J, DEITZ G D, HOWIE K M, et al. The effect of cause-related marketing on firm value: a look at Fortune's most admired all-stars[J]. Journal of the Academy of Marketing Science, 2019, 47(5): 899-918.

[20] SARAH S, Müller, et al. How much to give? —the effect of donation size on tactical and strategic success in cause-related marketing[J]. International Journal of Research in Marketing, 2014, 31(2): 178-191.

[21] VANHAMME J, LINDGREEN A, REAST J, et al. To do well by doing good: improving corporate image through cause-related marketing[J]. Journal of Business

Ethics,2012,109(3):259-274.

[22] RAJAN VARADARAJAN P. Cooperative sales promotion: an idea whose time has come[J]. Journal of Consumer Marketing,1986,3(1):15-33.

[23] 曹忠鹏,代祺,赵晓煜. 公益事件营销中企业-消费者契合度和宣传侧重点影响效果研究[J]. 南开管理评论,2012,15(6):62-71.

[24] ANDREASEN A R. Profits for nonprofits: find a corporate partner[J]. Harvard Business Review,1996,74(6):47-50, 55-59.

[25] BARNES N G,FITZGIBBONS D A. Strategic marketing for charitable organizations[J]. Health Marketing Quarterly,1992,9(3/4):103-114.

[26] MAIGNAN I,FERRELL O C,. Corporate citizenship: cultural antecedents and business benefits[J]. Journal of the Academy of Marketing Science,1999,27(4):455-469.

[27] PRINGLE H,THOMPSON M. Brand spirit: how cause related marketing builds brands[M]. New York: Wiley,1999

[28] ADKINS S. Why cause related marketing is a winning business formula[J]. Marketing, 2000.

[29] SUNG H,KIM J,CHOI H. Effects of consumer-cause fit and consumer-product fit ofcause-related marketing on product purchase intention[J]. Journal of Consumer Behaviour,2021,20(3):791-802.

[30] CHAABOUNI A,JRIDI K,BAKINI F. Cause-related marketing: scepticism and warm glow as impacts of donation size on purchase intention[J]. International Review on Public and Nonprofit Marketing,2021,18(1):129-150.

[31] 黄化锋,黄光跃,张新国. 论企业善因营销对消费者态度的影响[J]. 中南财经政法大学学报,2010(1):107-114. [32] SUMI R S. Benefits attained by the private organizations through cause-related marketing as a promotional tool[J]. ASA University Review,2017,11(1):143-151.

[33] YANG H T,YEN G F. Consumer responses to corporate cause related marketing [J]. European Journal of Marketing,2018,52(9/10):2105-2127.

[34] 王鲜萍. 慈善捐赠在企业竞争中的作用[J]. 经济导刊,2005(12):86-88.

[35] 彭建仿. 论企业营销的内涵与外延:社会责任[J]. 华东经济管理,2009,23(2):98-102.

[36] SINGH S, DUQUE L C. Familiarity and format: cause-related marketing promotions in international markets[J]. International Marketing Review, 2020, 37(5): 901-921.

[37] BIANCHI E C, DAPONTE G G, PIRARD L. The impact of cause-related marketing campaigns on the reputation of corporations and NGOs[J]. International Review on Public and Nonprofit Marketing, 2021, 18(2): 187-205.

[38] 樊建锋，郭江涛，田博文. 企业救灾行为匹配性对企业声誉的影响研究[J]. 经济问题，2013(09):76-82.

[39] AGGARWAL V, SINGH V K. Cause-related marketing and start-ups: moderating role of cause involvement[J]. Journal of Global Responsibility, 2019, 10(1): 16-30.

[40] KIM T, KIM J. How spatial distance and message strategy in cause-related marketing ads influence consumers' ad believability and attitudes[J]. Sustainability, 2021, 13(12): 6775.

[41] 江若尘，郑玲. 善因营销的捐赠水平与消费者态度：一个有中介的调节效应模型检验[J]. 心理学报，2017，49(5):692-698.

[42] KUMAR V. Global implications of cause-related loyalty marketing[J]. International Marketing Review, 2020, 37(4): 747-772.

[43] 肖捷. 中国情境下社会责任消费行为量表研究[J]. 财经理论与实践，2012，33(02): 89-93.

[44] FAN X J, DENG N Q, QIAN Y, et al. Factors affecting the effectiveness of cause-related marketing: a meta-analysis[J]. Journal of Business Ethics, 2022, 175(2): 339-360.

[45] 王颖晖，丁红伟. 善因营销信息透明度与消费者品牌态度关系研究[J]. 消费经济，2014，30(04):36-41.

[46] CHANG C T, CHU X Y. The give and take of cause-related marketing: purchasing cause-related products licenses consumer indulgence[J]. Journal of the Academy of Marketing Science, 2020, 48(2): 203-221.

[47] THOMAS S, KURESHI S, VATAVWALA S. Cause-related marketing research (1988-2016): an academic review and classification[J]. Journal of Nonprofit & Public Sector Marketing, 2020, 32(5): 488-516.

[48] 白琳,陈绘雯.罪恶感诉求与产品类型对善因营销的影响[J].商业研究,2019(04):128-133.

[49] LAFFERTY B A,GOLDSMITH R E,HULT G T M. The impact of the alliance on the partners:a look at cause-brand alliances[J]. Psychology and Marketing,2004,21(7):509-531.

[50] 孔庆民,梁修庆.社交商务对消费者购买意愿的影响机理:一项基于中国和东盟的跨文化研究[J].中国流通经济,2017,31(08):84-96.

[51] 吕丽辉,栗文娜.旅游企业善因营销中契合度和熟悉度对消费者响应的影响[J].生产力研究,2020(01):141-144.

[52] HARDESTY D M,CARLSON J P,BEARDEN W. Brand familiarity and invoice price effects on consumer evaluations:the moderating role of skepticism toward advertising[J]. Journal of Advertising,2002,31(2):1-15.

[53] GUERREIRO J,RITA P,TRIGUEIROS D. Attention,emotions and cause-related marketing effectiveness[J]. European Journal of Marketing,2015,49(11/12):1728-1750.

[54] DOUGLAS OLSEN G,PRACEJUS J W,BROWN N R. When profit equals price:consumer confusion about donation amounts in cause-related marketing[J]. Journal of Public Policy & Marketing,2003,22(2):170-180.

[55] NAN X L,HEO K. Consumer responses to corporate social responsibility (CSR) initiatives:examining the role of brand-cause fit in cause-related marketing[J]. Journal of Advertising,2007,36(2):63-74.

[56] 罗宇.体育用品善因营销匹配度对消费者品牌忠诚度影响研究[J].价格月刊,2018(12):64-70.

[57] 司凯.善因营销捐款形式和契合度对消费者响应影响[J].华东经济管理,2017,31(04):167-173.

[58] 程春.善因营销产品-慈善事件契合度对消费者态度的双路径作用机制[J].江汉大学学报(社会科学版),2021,38(04):96-104+128.

[59] 朱翊敏.事业涉入度和信息描述方式对消费者响应的影响:基于企业善因营销[J].华东经济管理,2014,28(02):160-165.

[60] LIU G,KO W W. An analysis of cause-related marketing implementation strategies through social alliance:partnership conditions and strategic objectives[J].

Journal of Business Ethics,2011,100(2):253-281.

[61] SATYA,MENON. Corporate sponsorships of philanthropic activities: when do they impact perception of sponsor brand? [J]. Journal of Consumer Psychology, 2003,13(3):316-327.

[62] VAN DEN BRINK D,ODEKERKEN-SCHR? DER G,PAUWELS P. The effect of strategic and tactical cause-related marketing on consumers' brand loyalty[J]. Journal of Consumer Marketing,2006,23(1):15-25.

[63] CHANG C T,CHENG Z H. Tugging on heartstrings:shopping orientation,mindset,and consumer responses to cause-related marketing[J]. Journal of Business Ethics,2015,127(2):337-350.

[64] ARYA B,SALK J E. Cross-sector alliance learning and effectiveness of voluntary codes of corporate social responsibility[J]. Business Ethics Quarterly,2006,16(2):211-234.

[65] WINTERICH K P,BARONE M J. Warm glow or cold,hard cash? social identity effects on consumer choice for donation versus discount promotions[J]. Journal of Marketing Research,2011,48(5):855-868.

[66] TSIROS M,IRMAK C. Lowering the minimum donation amount increases consumer purchase likelihood of products associated with cause-related marketing campaigns[J]. Journal of Marketing Research,2020,57(4):755-770.

[67] SUMI RAZIA SULTANA. Benefits Attained by the Private Organizations through Cause-Related Marketing as a Promotional Tool[J]. ASA University Review, 2017, 11(1): 143-151.

[68] YANG H T,YEN G F. Consumer responses to corporate cause-related marketing [J]. European Journal of Marketing,2018,52(9/10):2105-2127.

[69] 侯俊东,杜兰英,李剑峰.公益事项属性与中国消费者购买意愿关系实证研究[J].管理科学,2008(05):89-97.

[70] 靳环宇,刘少妮.论企业慈善战略的构建[J].求索,2010(12):37-39.

[71] PEREIRA D,CASAIS B,FERREIRA M R,et al. Cause-related marketing in luxury brands: the case of josefinas [M] Classroom Companion: Business. Cham: Springer International Publishing,2021.

[72] EASTMAN J K,SMALLEY K B,WARREN J C. The impact of cause-related

marketing on millennials' product attitudes and purchase intentions[J]. Journal of Promotion Management,2019,25(6):799-826.

[73] 付勇.企业赈灾捐赠的善因营销启示:以汶川、玉树地震捐赠为例[J].西南民族大学学报(人文社科版),2010,31(07):228-232.

[74] 胡瑜慧.善因营销:企业承担社会责任的新方式[J].生产力研究,2009(20):145-147.

[75] BRIDGITTE K,LEILA S. Cause-related marketing in a polarised global marketplace[J]. Journal of BRAND STRATEGY,2020,9(3):271-283.

[76] KHAN U,POND C. A tale of two evaluations:the dynamic effects of cause-related marketing[J]. Journal of the Association for Consumer Research,2020,5(3):282-290.

[77] 梁勇.论善因营销本土化[J].广东商学院学报,2013(1):63-70.

[78] PRIPORAS C V,KAMENIDOU I E,NGUYEN N,et al. The impact of the macro-environment on consumer scepticism towards cause-related marketing[J]. International Marketing Review,2020,37(5):841-861.

[79] MIRANDA M M,SILVA S C E,DUARTE P,et al. Cause-related marketing:do managers understand and use this tool? [J]. Management & Marketing Challenges for the Knowledge Society,2020,15(4):587-604.

[80] 于坤章,陈琳,俞赟芳.善因营销中顾客信任对行为意向的影响研究[J].经济经纬,2009(05):124-127.

[80] 于坤章,陈琳,俞赟芳.善因营销中顾客信任对行为意向的影响研究[J].经济经纬,2009,26(5):124-12

[81] STRIZHAKOVA Y,COULTER R A. Spatial distance construal perspectives on cause-related marketing:the importance of nationalism in Russia[J]. Journal of International Marketing,2019,27(1):38-55.

[82] YANG J,MUNDEL J. "are we all in this together?":brand opportunism in COVID-19 cause related marketing and the moderating role of consumer skepticism [J]. Journal of Promotion Management,2021,27(6):877-899.

[83] TSIROS M,IRMAK C. Lowering the minimum donation amount increases consumer purchase likelihood of products associated with cause-related marketing campaigns[J]. Journal of Marketing Research,2020,57(4):755-770.

[84] 孙路平,王兴元.善因营销广告诉求目标框架效应对消费者购买意愿的影响[J].东岳论丛,2016,37(12):144-151.

[85] AMAWATE V,DEB M,MANCHANDA M. Cause-related marketing and its impact on buying intention [J]. Theoretical Economics Letters, 2019, 9 (6): 2139-2151.

[86] 李慧.善因营销国内外最新理论研究综述[J].兰州学刊,2008(7):93-95.

[87] FAZLI-SALEHI R,TORRES I M,ANGEL Zú? IGA M. Customer, corporation, and cause: a comprehensive model of cause selection in cause-related marketing [J]. Journal of Relationship Marketing,2019,18(3):173-195.

[88] SONG B B,TAO W T,WEN T J. Building consumer communal relationships throughcause-related marketing: from the perspective of persuasion knowledge [J]. Journal of Consumer Behaviour,2021,20(6):1388-1402.

[89] BERGKVIST L,ZHOU K Q. Cause-related marketing persuasion research: an integrated framework and directions for further research[J]. International Journal of Advertising,2019,38(1):5-25.

[90] 司凯,周敏.善因营销中契合度和卷入度影响效果研究[J].华东经济管理,2014,28(04):125-130.

[90] 司凯,周敏.善因营销中契合度和卷入度影响效果研究[J].华东经济管理,2014,28(04):125-130.

[91] BIANCHI E C,DAPONTE G G,PIRARD L. The impact of cause-related marketing campaigns on the reputation of corporations and NGOs[J]. International Review on Public and Nonprofit Marketing,2021,18(2):187-205.

[92] AGGARWAL V,SINGH V K. Cause-related marketing and start-ups: moderating role of cause involvement [J]. Journal of Global Responsibility, 2019, 10 (1): 16-30.

[93] 卢宏亮,张敏.网红带货感知风险对购买意愿的影响:有调节的中介模型[J].中国流通经济,2020,34(12):20-28.

[94] WEBB D J,MOHR L A. A typology of consumer responses to cause-related marketing: from skeptics to socially concerned[J]. Journal of Public Policy & Marketing,1998,17(2):226-238.

[95] SANTORO G,BRESCIANI S,BERTOLDI B, et al. Cause-related marketing,

brand loyalty and corporate social responsibility[J]. International Marketing Review,2020,37(4):773-791.

[96] KIM H J, KIM H J, HAN W H. The effects of cause-related marketing on company and brand attitudes[J]. Seoul Journal of Business,2005,11(2):83-117.

[97] HONG KAY TZEI, NG SIEW IMM1, YUSOF, et al. Cause-related marketing: it's applicability in hypermarket context[J]. International Journal of Economics & Management,2017,11(2):301-319.

[98] EASTMAN J K, SMALLEY K B, WARREN J C. The impact of cause-related marketing on millennials' product attitudes and purchase intentions[J]. Journal of Promotion Management,2019,25(6):799-826.

[99] MIRANDA M M, SILVA S C E, DUARTE P, et al. Cause-related marketing: do managers understand and use this tool? [J]. Management & Marketing Challenges for the Knowledge Society,2020,15(4):587-604.

[100] DAHL D, LAVACK A. Cause-related marketing: Impact of size of corporate donation and size of cause-related promotion on consumer perceptions and participation[J]. Winter educators' conference: Marketing theory and applications, 1995,6:476-481.

[101] MICHEL, LAROCHE,. Consumers use of price promotions: a model and its potential moderators[J]. Journal of Retailing and Consumer Services, 2001,8(5): 251-260.

[102] BERGKVIST L, ZHOU K Q. Cause-related marketing persuasion research: an integrated framework and directions for further research[J]. International Journal of Advertising,2019,38(1):5-25.

[103] DRUMWRIGHT M E. Company advertising with a social dimension: the role of noneconomic criteria[J]. Journal of Marketing,1996,60(4):71-87.

[104] 朱琳琳."理想型"和"责任型"消费者对企业捐赠战略偏好的研究[J].营销科学学报,2015(3):45-57.[维普]

[105] HOU J D, DU L Y, LI J F. Cause's attributes influencing consumer's purchasing intention: empirical evidence from China[J]. Asia Pacific Journal of Marketing and Logistics,2008,20(4):363-380.

[106] 朱翊敏.善因营销广告中信息陈述方式与顺序对消费者响应的影响[J].商业经济

与管理,2014(04):49-58+66.

[107] 樊帅,田志龙.消费者对企业社会责任伪善感知形成机制研究[J].中南财经政法大学学报,2017(02):22-31.

[108] 张晓吉.罪恶感诉求和捐赠额度对善因营销广告效果的影响研究[D].合肥:安徽大学.

[109] 白琳,王佩.品牌性别和温暖诉求对善因营销广告效果的影响研究[J].兰州财经大学学报,2019,35(4):51.

[110] LAFFERTY B A,LUETH A K,MCCAFFERTY R. An evolutionary process model of cause-related marketing and systematic review of the empirical literature[J]. Psychology & Marketing,2016,33(11):951-970.

[111] 张艳艳.善因营销在我国保险企业中的应用研究[J].吕梁教育学院学报,2021,38(02):89-92+118.

[112] FAN X J,DENG N Q,QIAN Y,et al. Factors affecting the effectiveness of cause-related marketing:a meta-analysis[J]. Journal of Business Ethics,2022,175(2):339-360.

[113] STRAHILEVITZ M,MYERS J G. Donations to charity as purchase incentives:how well they work may depend on what You are trying to sell[J]. Journal of Consumer Research,1998,24(4):434-446.

[114] WAGNER L , THOMPSON R L. Cause-related marketing: Fundraising tool or phony philanthropy[J]. Nonprofit World,1994,12(6):9-13.

[115] POLONSKY M J,MACDONALD E K. Exploring the link between cause-related marketing and brand building[J]. International Journal of Nonprofit and Voluntary Sector Marketing,2000,5(1):46-57.

[116] GUERREIRO J,RITA P,TRIGUEIROS D. A text mining-based review of cause-related marketing literature[J]. Journal of Business Ethics,2016,139(1):111-128.

[117] DAS N,GUHA A,BISWAS A,et al. How product-cause fit and donation quantifier interact in cause-related marketing (CRM) settings:evidence of the cue congruency effect[J]. Marketing Letters,2016,27(2):295-308.

[118] GUPTA S,PIRSCH J. The company-cause-customer fit decision in cause-related marketing[J]. Journal of Consumer Marketing,2006,23(6):314-326.

[119] THAMARAISELVAN N,. Role of celebrity in cause related marketing[J]. International Review on Public and Nonprofit Marketing,2017,14(3):341-357.

[120] 孙晓佳. 善因营销中契合类型对消费者购买意愿的影响研究[D]. 济南:山东财经大学.

[121] BERGER I E,CUNNINGHAM P H,DRUMWRIGHT M E. Identity,identification,and relationship through social alliances[J]. Journal of the Academy of Marketing Science,2006,34(2):128-137.

[122] 王钰灵. 善因营销中分类与主题契合类型对消费者响应的影响研究[D]. 成都:西南交通大学.

[123] ELVING W J L. Scepticism and corporate social responsibility communications: the influence of fit and reputation[J]. Journal of Marketing Communications, 2013,19(4):277-292.

[124] HUERTAS-GARCíA R,LENGLER J,CONSOLACIóN-SEGURA C. Co-branding strategy in cause-related advertising:the fit between brand and cause[J]. Journal of Product & Brand Management,2017,26(2):135-150.

[125] GUZMáN F,DAVIS D. The impact of corporate social responsibility on brand equity:consumer responses to two types of fit[J]. Journal of Product & Brand Management,2017,26(5):435-446.

[126] SIMMONS C J,BECKER-OLSEN K L. Achieving marketing objectives through social sponsorships[J]. Journal of Marketing,2006,70(4):154-169.

[127] ROBINSON S R,IRMAK C,JAYACHANDRAN S. Choice of cause in cause-related marketing[J]. Journal of Marketing,2012,76(4):126-139.

[128] MOOSMAYER D C,FULJAHN A. Corporate motive and fit in cause related marketing[J]. Journal of Product & Brand Management,2013,22(3):200-207.

[129] 颜清. 善因广告契合度对消费者注意效果与说服效果的影响:思维方式与产品类型的调节效应[D]. 成都:西南交通大学.

[130] 曹忠鹏,代祺,赵晓煜. 公益事件营销中企业-消费者契合度和宣传侧重点影响效果研究[J]. 南开管理评论,2012,15(6):62-71.

[131] SIRGY M J. Self-concept in consumer behavior:a critical review[J]. Journal of Consumer Research,1982,9(3):287-300.

[132] BARBARA A,Lafferty,. A note on the role of cause type in cause-related mar-

keting[J]. Journal of Business Research,2014,67(7):1455-1460.

[133] MOOSMAYER D C,FULJAHN A. Consumer perceptions of cause related marketing campaigns[J]. Journal of Consumer Marketing,2010,27(6):543-549.

[134] CHANG C T. To donate or not to donate? Product characteristics and framing effects of cause-related marketing on consumer purchase behavior[J]. Psychology and Marketing,2008,25(12):1089-1110.

[135] MIMOUNI CHAABANE A,PARGUEL B. The double-edge effect of retailers' cause-related marketing[J]. International Journal of Retail & Distribution Management,2016,44(6):607-626.

[136] VLACHOS P A,KORITOS C D,KREPAPA A,et al. Containing cause-related marketing skepticism:a comparison across donation frame types[J]. Corporate Reputation Review,2016,19(1):4-21.

[137] KLEBER J,FLORACK A,CHLADEK A. How to present donations:the moderating role of numeracy in cause-related marketing[J]. Journal of Consumer Marketing,2016,33(3):153-161.

[138] KIM Y J,LEE W N. Overcoming consumer skepticism in cause-related marketing:the effects of corporate social responsibility and donation size claim objectivity[J]. Journal of Promotion Management,2009,15(4):465-483.

[139] LILLEY A,SLONIM R. The price of warm glow[J]. Journal of Public Economics,2014,114:58-74.

[140] Carrie,FERLE L,. Factors impacting responses to cause-related marketing in India and the United States:novelty,altruistic motives,and company origin[J]. Journal of Business Research,2013,66(3):364-373.

[141] 赵思涵,胡传东,罗兹柏,等.基于建构扎根理论的旅游"好玩"评价过程建构[J].旅游学刊, 2021,36(10):113-124.

[142] 王美钰,李勇泉,阮文奇.民宿创业成功的关键要素与理论逻辑:基于扎根理论分析[J/OL]. 2021: 1-19. (2021-10-05). https://kns. cnki. net/kcms/detail/12.1288. F. 20210930. 1512. 002. html.

[143] 程慧平,郑雨霏,闻心玥.基于扎根理论的社交媒体用户隐私设置意愿影响因素研究[J].现代情报,2021,41(10):130-139.

[144] 成俊会,李梅.全过程视角下基于扎根理论的微博舆情传播行为参与机制研究

[J]. 情报杂志，2020,39(07):114-118.

[145] 卢亭宇，庄贵军. 网购情境下消费者线下体验行为的扎根研究[J]. 管理评论，2021,33(07):190-202

[145] 卢亭宇，庄贵军. 网购情境下消费者线下体验行为的扎根研究[J]. 管理评论，2021,33(07):190-202.

[146] 田馨滦，韩钰馨，张晓娟. 移动社交媒体用户隐私疲劳的影响因素研究：基于扎根理论和解释结构模型的分析[J]. 信息资源管理学报，2021,11(05):103-113.

[147] 吴荻，刘慧，王恩旭，等. 基于扎根理论的旅游舆情形成机制研究：心理契约违背视角[J]. 管理评论，2021,33(04):170-179.

[148] 邓慧兰，赵占波，姚凯，等. 顾客价值视角下拼购小程序营销创新研究：基于扎根理论的案例分析[J]. 南开管理评论，2022,25(6):108-117.

[149] 杨先顺，赖菀桃. 网络善因营销中消费者伦理感知的维度研究[J]. 新闻与传播评论，2020(4):88-97.

[150] 张国政，彭丽，唐文源. 消费者消费扶贫心理归因与价值共创路径：基于扎根理论的探索性研究[J]. 河北农业大学学报(社会科学版)，2021(3):101-109.

[151] CUI Y L, TRENT E S, SULLIVAN P M, et al. Cause-related marketing: how generation Y responds[J]. International Journal of Retail & Distribution Management, 2003, 31(6): 310-320.

[152] TSAI S P. Modeling strategic management for cause-related marketing[J]. Marketing Intelligence & Planning, 2009, 27(5): 649-665.

[153] THOMAS S, KURESHI S. Consumer skepticism towards cause related marketing: exploring the consumer tendency to question from emerging market perspective[J]. International Review on Public and Nonprofit Marketing, 2020, 17(2): 225-236.

[154] MOHR L A, WEBB D J, HARRIS K E. Do consumers expect companies to be socially responsible? the impact of corporate social responsibility on buying behavior[J]. Journal of Consumer Affairs, 2001, 35(1): 45-72.

[155] MICHAEL J, Barone,. Consumer response to retailer use of cause-related marketing: is more fit better? [J]. Journal of Retailing, 2007, 83(4): 437-445.

[156] YOUN S, KIM H. Temporal duration and attribution process of cause-related marketing: moderating roles of self-construal and product involvement[J]. Inter-

national Journal of Advertising,2018,37(2):217-235.

[157] RIFON N J,CHOI S M,TRIMBLE C S,et al. CONGRUENCE EFFECTS IN SPONSORSHIP:the mediating role of sponsor credibility and consumer attributions of sponsor motive[J]. Journal of Advertising,2004,33(1):30-42.

[158] GARRETSON J A,Folse,. Cause-relating marketing:the effects of purchase quantity and firm donation amount on consumer inferences and participation intentions[J]. Journal of Retailing,2010,86(4):295-309.

[159] 骆紫薇,吕林祥. 善因营销对消费者态度的影响及其理论解释[J]. 心理科学进展,2019,27(04):737-747.

[160] 马颖,张园园,宋文广. 食品行业突发事件风险感知的传染病模型研究[J]. 科研管理,2013,34(09):123-130.

[161] Fred,Brauer,. Models for transmission of disease with immigration of infectives [J]. Mathematical Biosciences,2001,171(2):143-154.

[162] JAMES M,Hyman,. An intuitive formulation for the reproductive number for the spread of diseases in heterogeneous populations[J]. Mathematical Biosciences,2000,167(1):65-86.

[163] 余雷,薛惠锋,高晓燕,等. 基于元胞自动机的传染病传播模型研究[J]. 计算机工程与应用,2007(02):196-198+237.

[164] 孔晓丹,张丹. 面向集群创新网络异质企业的知识扩散建模及仿真研究[J]. 运筹与管理,2020,29(10):173-182.

[165] 徐凯,周宗放,钱茜,等. 考虑个体保护意识的关联信用风险传染机理研究[J]. 运筹与管理,2020,2020,29(12):197-206.

[166] 刘慧,王炳珺,陆君安,等. 复杂网络牵制控制优化选点算法及节点组重要性排序[J]. 物理学报,2021,70(05):284-294.

[167] TAVASOLI A,SHAKERI H,ARDJMAND E,et al. Incentive rate determination in viral marketing[J]. European Journal of Operational Research,2021,289(3):1169-1187.

[168] 郭捷楠. 工程项目经理目标取向对项目团队绩效的影响研究:基于社会信息处理视角[D]. 北京:北京交通大学.

[169] RUMELHART D E,HINTON G E,WILLIAMS R J. Learning representations by back-propagating errors[J]. Nature,1986,323(6088):533-536.

[170] 丁鹏. 基于改进神经网络的我国私募证券投资基金绩效评价研究[D]. 杭州：浙江大学.

[171] 俞立平. 回归盲点下高校人文社科研究效率影响因素研究：基于 BP 人工神经网络的分析[J]. 软科学，2021，35(11)：130-137.

[172] 贾琨钰. 用于前馈神经网络的一种反向传播算法的改进[D]. 大连：大连理工大学.

[173] 杨昱梅，李继娜. 基于 AHP 和 BP 神经网络的高校毕业生就业质量评价研究[J]. 中国教育学刊，2015(S1)：148-149.

[174] 周非，李阳，范馨月. 图像分类卷积神经网络的反馈损失计算方法改进[J]. 小型微型计算机系统，2019，40(07)：1532-1537.

[175] ALSMADI S，HAILAT K. Neuromarketing and improved understanding of consumer behaviour through brain-based neuro activity[J]. Journal of Information & Knowledge Management，2021，20(2)：2150020.

[176] LI W Q，XU G H，XING Q H，et al. Application of improved AHP-BP neural network in CSR performance evaluation model[J]. Wireless Personal Communications，2020，111(4)：2215-2230.

[177] LIU H P. Big data precision marketing and consumer behavior analysis based on fuzzy clustering and PCA model[J]. Journal of Intelligent & Fuzzy Systems，2021，40(4)：6529-6539.

[178] FERRARIS A，DEL GIUDICE M，GRANDHI B，et al. Refining the relation between cause-related marketing and consumers purchase intentions[J]. International Marketing Review，2020，37(4)：651-669.

[179] SHEIKH S U R，BEISE-ZEE R. Corporate social responsibility or cause-related marketing? The role of cause specificity of CSR[J]. Journal of Consumer Marketing，2011，28(1)：27-39.

[180] FAZLI-SALEHI R，TORRES I M，ANGEL Zú? IGA M. Customer，corporation，and cause：a comprehensive model of cause selection in cause-related marketing[J]. Journal of Relationship Marketing，2019，18(3)：173-195.

[181] HAMBY A. One for me，one for You：cause-related marketing with buy-one give-one promotions[J]. Psychology & Marketing，2016，33(9)：692-703.

[182] GREEN T，PELOZA J. How does corporate social responsibility create value for

consumers? [J]. Journal of Consumer Marketing,2011,28(1):48-56.

[183] COLEMAN J T,ROYNE (STAFFORD) M B,POUNDERS K R. Pride,guilt, and self-regulation in cause-related marketing advertisements[J]. Journal of Advertising,2020,49(1):34-60.

[184] KANTA K N M,SRIVALLI P. A study on cause and product importance of cause-related marketing campaign[J]. International Journal of Marketing and Business Communication,2013,2(4):12-19.

[185] PATEL J D,GADHAVI D D,SHUKLA Y S. Consumers' responses to cause related marketing:moderating influence of cause involvement and skepticism on attitude and purchase intention[J]. International Review on Public and Nonprofit Marketing,2017,14(1):1-18.

[186] PRACEJUS J W, OLSEN G D. The role of brand/cause fit in the effectiveness of cause-related marketing campaigns[J]. Journal of Business Research, 2004, 57 (6):635-640.

[187] RUTH J A,SIMONIN B L. "Brought to You by brand A and brand B" investigating multiple sponsors' influence on consumers' attitudes toward sponsored events[J]. Journal of Advertising,2003,32(3):19-30.

[188] 陈艺妮,田敏,闫文娟等. 企业社会责任信息沟通的研究综述与展望[J]. 管理现代化,2019,39(05):121-124.

[189] 邓新明,张婷,许洋等. 企业社会责任对消费者购买意向的影响研究[J]. 管理学报,2016,13(07):1019-1027.

[190] 高英,袁少锋,刘力钢. 消费者对企业伪善的惩罚机制研究[J]. 中南财经政法大学学报,2017(04):140-148.

[191] GLAVAS A,GODWIN L N. Is the perception of 'goodness' good enough? exploring the relationship between perceived corporate social responsibility and employee organizational identification[J]. Journal of Business Ethics,2013,114(1): 15-27.

[192] Shuqin,Wei,. Does the global vs. local scope matter? Contingencies of cause-related marketing in a developed market[J]. Journal of Business Research,2020, 108:201-212.

[193] VYRAVENE R,RABBANEE F K. Corporate negative publicity - the role of

cause related marketing [J]. Australasian Marketing Journal, 2016, 24 (4): 322-330.

[194] ELLEN P S, MOHR L A, WEBB D J. Charitable programs and the retailer: do they mix? [J]. Journal of Retailing, 2000, 76(3): 393-406.

[195] GOLDSMITH K, CHO E K, DHAR R. When guilt begets pleasure: the positive effect of a negative emotion[J]. Journal of Marketing Research, 2012, 49(6): 872-881.

[196] ANGHEL L D, GRIGORE G, RO/U0219CA M. Cause-related marketing, part of corporate social responsibility and its influence upon consumers' attitude[J]. The AMFITEATRU ECONOMIC Journal, 2011, 13: 72-85.

[197] BAE M. Effects of various types of cause-related marketing (CRM) ad appeals on consumers' visual attention, perceptions, and purchase intentions[J]. Journal of Promotion Management, 2016, 22(6): 810-834.

[198] BOENIGK S, SCHUCHARDT V. Cause-related marketing campaigns with luxury firms: an experimental study of campaign characteristics, attitudes, and donations[J]. International Journal of Nonprofit and Voluntary Sector Marketing, 2013, 18(2): 101-121.

[199] CHATTANANON A, LAWLEY M, SUPPARERKCHAISAKUL N, et al. Impacts of a Thai cause-related marketing program on corporate image[J]. International Journal of Emerging Markets, 2008, 3(4): 348-363.

[200] FILE K M, PRINCE R A. Cause related marketing and corporate philanthropy in the privately held enterprise [J]. Journal of Business Ethics, 1998, 17 (14): 1529-1539.

[201] 王静一，王海忠. 企业社会责任活动中感知伪善的结构与量表开发[J]. 心理科学进展，2014，22(07)：1075-1083.

[202] 王纯阳，李文俊，冯芷菁. 旅游地社会责任对旅游地品牌资产的影响——中介与调节作用机制[J]. 旅游学刊，2020，35(06)：109-124.

[203] OZGE, YUCEL-AYBAT. Consumer mindsets matter: benefit framing and firm-cause fit in the persuasiveness of cause-related marketing campaigns[J]. Journal of Business Research, 2021, 129: 418-427.

[204] BIGNÉ-ALCAÑIZ E, CURRÁS-PÉREZ R, RUIZ-MAFÉ C, et al. Cause-related

marketing influence on consumer responses: the moderating effect of cause-brand fit[J]. Journal of Marketing Communications, 2012, 18(4): 265-283.

[205] ZENG XIANG CHEN,. Cause-related marketing is not always less favorable than corporate philanthropy: the moderating role of self-construal[J]. International Journal of Research in Marketing, 2016, 33(4): 868-880.

[206] KWON I W G, STOEBERL P A, et al. A cross-cultural comparison of ethical attitudes of business managers: India Korea and the United States[J]. Journal of Business Ethics, 2003, 46(3): 263-287.

[207] FREEMAN D, AQUINO K, MCFERRAN B. Overcoming beneficiary race as an impediment to charitable donations: social dominance orientation, the experience of moral elevation, and donation behavior[J]. Personality and Social Psychology Bulletin, 2009, 35(1): 72-84.

[208] GALAN LADERO M M, GALERA CASQUET C, SINGH J. Understanding factors influencing consumer attitudes toward cause-related marketing[J]. International Journal of Nonprofit and Voluntary Sector Marketing, 2015, 20(1): 52-70.

[209] Henrik, Hagtvedt,. Gilt and guilt: should luxury and charity partner at the point of sale? [J]. Journal of Retailing, 2016, 92(1): 56-64.

[210] CHRISTOFI M, LEONIDOU E, VRONTIS D, et al. Innovation and cause-related marketing success: a conceptual framework and propositions[J]. Journal of Services Marketing, 2015, 29(5): 354-366.

[211] 崔常琪，廖成林，姚琦，等. 权力感对消费者服务评价的影响机制研究[J]. 管理学报，2020，17(7)1067-1076.

[212] 晁罡，林冬萍，王磊，等. 平台企业的社会责任行为模式：基于双边市场的案例研究[J]. 管理案例研究与评论，2017，10(1)70-86.

[213] 陈东，邢霂. 企业慈善捐赠行为能带来价值回报吗——基于广告营销能力和市场经济环境调节效应的分析[J]. 现代经济探讨，2019(01)：68-76.

[214] 边卫军，赵文龙. 企业社会责任履行与消费者响应的互动机理研究[J]. 河南社会科学，2017，25(08)：86-91.

[215] 李海廷. 企业社会责任、危机反应方式与消费者信任[J]. 商业研究，2013(12)：102-108.

[216] 李宝库，宁静. 消费者对网络产品动静呈现的广告态度研究[J]. 科技促进发展，

2020,16(10):1230-1237.

[217] SHEIKH S U R,BEISE-ZEE R. Corporate social responsibility or cause-related marketing? The role of cause specificity of CSR[J]. Journal of Consumer Marketing,2011,28(1):27-39.

[218] 柯江林,孙健敏,吴丹.企业慈善行为测量及其对员工职场精神力的影响[J].经济与管理研究,2015,36(2):100-108.

[219] 金晓彤.突发性公共卫生事件下消费者行为研究如何表达社会关切:现状、视角、思路、逻辑[J].社会科学家,2021(04):8-13.

[220] 黄静,刘秋玲."好企业"为什么会干坏事?:企业社会责任营销内外一致性视角[J].商业研究,2014(8):110-118.[221] NICHOLS B S, COBBS J, RASKA D. Featuring the hometown team in cause-related sports marketing: A cautionary tale for league-wide advertising campaigns[J]. Sport Marketing Quarterly, 2016, 25(4), 212-225.

[222] 关静怡,刘娥平,秦浩原.精准扶贫提升了企业供应链关系中的竞争优势吗?[J].证券市场导报,2021(06):57-69.

[223] 何音,李健,蔡满堂,等.企业社会责任与企业价值:营销竞争力与顾客意识的作用机理[J].管理工程学报,2020,34(2):84-94.

[224] 黄光,魏婷婷,黄匡熹,等.CSR战略和传播渠道对品牌信任的影响研究[J].华东经济管理,2014, 28(11):104-109.

[225] 刘凤军,张梦洋.社会责任感知对互联网理财平台消费者使用意愿的影响机制研究[J].财经论丛,2019(4):81-91.

[226] HE H W,ZHU W C,GOURAN D,et al. Moral identity centrality and cause-related marketing[J]. European Journal of Marketing,2016,50(1/2):236-259.

[227] 毛文娟,罗继芳,何柳.社会责任报告具有质量安全信息价值吗?:来自我国食品上市公司的经验证据[J].北京工商大学学报(社会科学版), 2016,31(04):97-107.

[228] YANG H T,YEN G F. Impact of consumers' self-construal,empathy,and moral identity on purchase intention toward cause-related marketing goods:a perspective of the moderated mediation model[J]. Psychology,2018,9(2):260-279.

[229] 齐永智,闫瑶.品牌价值链视角的品牌权益演进与影响[J].经济问题, 2018(08):66-73.

[230] 施卓敏,郑婉怡.面子文化中消费者生态产品偏好的眼动研究[J].管理世界,

2017(09):129-140+169.

[231] ADOMAVICIUTE K, BZIKADZE G, CHERIAN J, et al. Cause-related marketing as a commercially and socially oriented activity: what factors influence and moderate the purchasing? [J]. Engineering Economics, 2016, 27(5): 578-585.

[232] MENDINI M, PETER P C, GIBBERT M. The dual-process model of similarity in cause-related marketing: How taxonomic versus thematic partnerships reduce skepticism and increase purchase willingness[J]. Journal of Business Research, 2018, 91(10):195-204.

[233] LISTON-HEYES C, LIU G. A study of non-profit organisations in cause-related marketing[J]. European Journal of Marketing, 2013, 47(11/12):1954-1974.

[234] NGUYEN C, ROMANIUK J, FAULKNER M, et al. Does an expanded brand user base of co-branded advertising help ad-memorability? [J]. International Journal of Market Research, 2018, 60(4):366-379.

[235] SHREE D, GUPTA A, SAGAR M. Effectiveness of cause-related marketing for differential positioning of market entrant in developing market: an exploratory study in Indian context[J]. International Journal of Nonprofit and Voluntary Sector Marketing, 2017, 22(2):e1573.

[236] TSIROS M, IRMAK C. Lowering the minimum donation amount increases consumer purchase likelihood of products associated with cause-related marketing campaigns[J]. Journal of Marketing Research, 2020, 57(4):755-770.

[237] CHéRON E, KOHLBACHER F, KUSUMA K. The effects of brand-cause fit and campaign duration on consumer perception of cause-related marketing in Japan [J]. Journal of Consumer Marketing, 2012, 29(5):357-368.

[238] VILELA A M, NELSON M R. Testing the Selectivity Hypothesis in cause-related marketing among Generation Y: [When] Does gender matter for short- and long-term persuasion? [J]. Journal of Marketing Communications, 2016, 22(1): 18-35.

[239] YOUN S, KIM H. Temporal duration and attribution process of cause-related marketing: moderating roles of self-construal and product involvement[J]. International Journal of Advertising, 2018, 37(2):217-235.

[240] YUN J T, DUFF B R L, VARGAS P, et al. Can we find the right balance in

cause-related marketing? Analyzing the boundaries of balance theory in evaluating brand-cause partnerships[J]. Psychology & Marketing, 2019, 36(11): 989-1002.

[241] ZASUWA G. Do the ends justify the means? How altruistic values moderate consumer responses to corporate social initiatives[J]. Journal of Business Research, 2016, 69(9): 3714-3719.

[242] FOLSE J A G, LANDRETH GRAU S, MOULARD J G, et al. Cause-related marketing: factors promoting campaign evaluations[J]. Journal of Current Issues & Research in Advertising, 2014, 35(1): 50-70.

[243] ALEXANDER J, KULL. You decide, we donate: strengthening consumer-brand relationships through digitally co-created social responsibility[J]. International Journal of Research in Marketing, 2016, 33(1): 78-92.

[244] 张洁梅,孔维铮. 网络负面口碑对消费者冲动性购买意愿的影响——负面情绪的中介作用[J]. 管理评论,2021,33(06):144-156.

[245] 杨先顺,张良悦. 消费者伦理感知对互联网医疗广告 购买意愿影响研究[J]. 新闻与传播评论,2021(5):71-81.

[246] 陈通,青平,肖邦明. 企业社会责任沟通策略如何缓解产品伤害危机? 沟通策略与危机类型的交互作用[J]. 财贸研究,2019,30(5):80-90. [247] 尹珏林,宋程成. 企业与非营利组织社会联盟实施战略分析[J]. 管理学报,2015,12(07):984-992.

[248] KUO A, RICE D H. The impact of perceptual congruence on the effectiveness of cause-related marketing campaigns[J]. Journal of Consumer Psychology, 2015, 25(1): 78-88.

[249] 于潇宇. 慈善捐赠对企业价值影响的实证研究——基于营销能力和行业竞争的调节作用[J]. 中国流通经济,2017,31(01):48-56.

[250] 于力,李大凯,田晓青. 企业社会责任消费需求的经济分析——基于心理根源的消费选择模型构建[J]. 软科学,2013,27(09):55-59.

[251] KIM J E, JOHNSON K K P. The impact of moral emotions on cause-related marketing campaigns: a cross-cultural examination[J]. Journal of Business Ethics, 2013, 112(1): 79-90.

[252] XU S F, ZHOU A. Hashtag homophily in twitter network: examining a controversial cause-related marketing campaign[J]. Computers in Human Behavior,

2020,102:87-96.

[253] CHOWDHURY P,SAMUEL M S. Artificial neural networks:a tool for understanding green consumer behavior[J]. Marketing Intelligence & Planning,2014,32(5):552-566.

[254] LI W Q,XU G H,XING Q H,et al. Application of improved AHP－BP neural network in CSR performance evaluation model[J]. Wireless Personal Communications,2020,111(4):2215-2230.